本书由南京大学文学院副院长、
中国古代文学教授苗怀明博士审订,
特此致谢。

把成语用起来

一读就会用的

分类
成语故事

形势和场面 · 变化和恒定

歪歪兔童书馆 / 编著

海豚出版社
DOLPHIN BOOKS
CICG
中国国际传播集团

19／形势和场面

近水楼台	4	车水马龙	34
司空见惯	6	比肩继踵	36
覆水难收	8	门可罗雀	38
盘根错节	10	车载斗量	40
图穷匕见	12	如火如荼	42
东窗事发	14	积羽沉舟	44
箭在弦上，不得不发	16	众怒难犯	46
骑虎难下	18	危在旦夕	48
四面楚歌	20	朝不谋夕	50
水深火热	22	危如累卵	52
涸辙之鲋	24	鱼游釜中	54
孤注一掷	26	人人自危	56
日暮途穷	28	高屋建瓴	58
门庭若市	30	下坂走丸	60
大庭广众	32	摧枯拉朽	62

20/ 变化和恒定

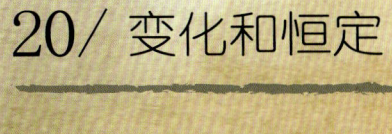

千变万化	64	强弩之末	90
沧海桑田	66	每况愈下	92
朝三暮四	68	后来居上	94
反客为主	70	取而代之	96
乐极生悲	72	南柯一梦	98
革故鼎新	74	日月如梭	100
画地为牢	76	风驰电掣	102
胶柱鼓瑟	78		
墨守成规	80		
东山再起	82		
死灰复燃	84		
改过自新	86		
刮目相看	88		

附录/ 分类成语 104

索引/ 成语故事 115

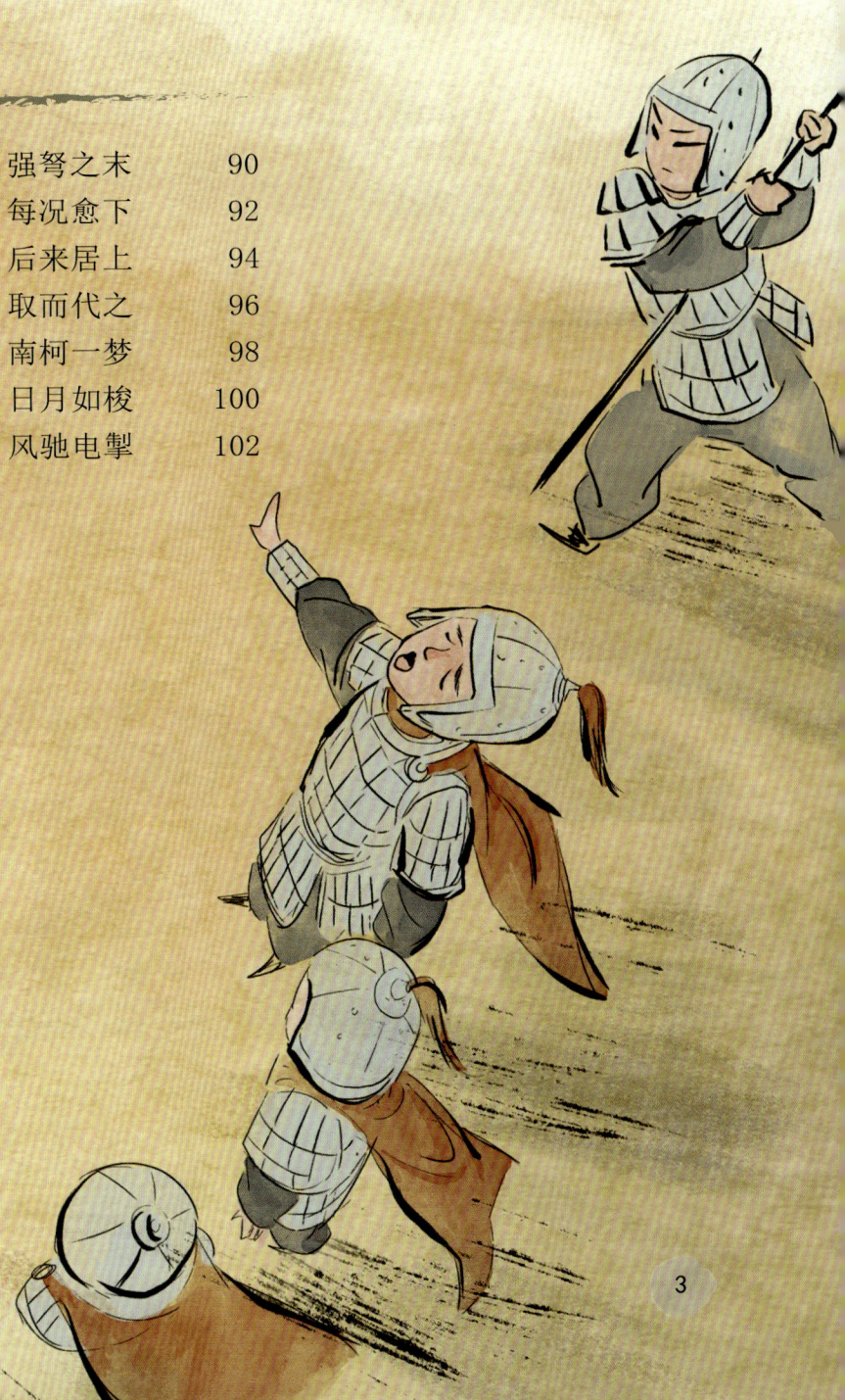

近水楼台
jìn shuǐ lóu tái

宋·俞文豹《清夜录》：「近水楼台先得月，向阳花木易为春。」

释 比喻由于地处近便而优先获得某种利益或机会。

近义 得天独厚　　**反义** 鞭长莫及

你听说过"先天下之忧而忧，后天下之乐而乐"这句名言吗？它出自著名的《岳阳楼记》，作者是我国北宋时期著名的政治家范仲淹。

范仲淹一生忧国忧民，为国家鞠躬尽瘁。有一年，范仲淹被调往杭州当知州（相当于现在的市长）。他来到杭州以后，大力挖掘当地人才，推荐给了朝廷。眼看周围的同事们升职的升职，加薪的加薪，这可急坏了一位叫苏麟的官员。

苏麟当时的官职是巡检，负责杭州附近所辖县里的行政工作，由于工作原因，苏麟经常不在杭州城里，因此也就没有被范仲淹注意到。

意识到自己被顶头上司忽视了，苏麟心里很不好受。直接去跟范仲淹说吧，显得自己像是个争名逐利的人，万一被范仲淹瞧不起怎么办？可不说吧，苏麟又感到很委屈，毕竟自己工作一向勤勤恳恳，才学也不差，照理讲应该得到提拔。

苏麟左思右想，终于想出一个好办法。他撩起衣袖，摆开纸墨，大笔一挥，写下了一首诗，诗中有两句："近水楼台先得月，向阳花木易为春。"意思是说：建在水边的楼台由于无遮无拦，站在上面能够最先看到明月；向着阳光的花草树木由于光照充足，所以长得枝繁叶茂，能最先呈现出春天的景象。

苏麟拿着这首意味深长的诗，就来找范仲淹了。见到范仲淹后，他把诗呈上，说："大人，我写了一首诗，请您帮我指点指点。"范仲淹可是一位聪明的上司，他一看这诗，就明白了苏麟字里行间隐含的意思，这分明是在说："大人不能把好机会都给身边的人，也想想我苏麟啊！"

于是范仲淹和苏麟聊了很久，对他做了全面的了解。这一了解啊，范仲淹觉得，这苏麟还真是个不错的人才。很快，他就向朝廷写了封推荐信，终于让苏麟也升职加薪了。苏麟虽然没有占据近水楼台的便利，但最终的结果还是令他满意的。

例句

🟢 他在清华大学图书馆工作，近水楼台，可以看到最新的书刊。（萧乾《一本褪色的相册》）

🟢 王老师就住在我家隔壁，遇到实在弄不懂的问题时，就去向他请教，这可真是近水楼台啊！

成语个性

苏麟当时创作的整首诗并没有流传下来，只有"近水楼台先得月，向阳花木易为春"这两句被人熟知。"近水楼台"这个成语强调获得利益的便利性。这种"方便"一方面可以是地理位置上非常接近，另一方面则是指凭借职务为亲朋好友牟私利。后者往往具有讽刺意味。

19 形势和场面·近水楼台

司空见惯
sī kōng jiàn guàn

唐·孟棨(qǐ)《本事诗·情感》:"司空见惯浑闲事,断尽江南刺史肠。"

释 司空:古代官名。指某事经常能见到,不会让人觉得奇怪。

近义 不足为奇 见怪不怪 屡见不鲜

反义 前所未有 闻所未闻 少见多怪

刘禹锡是我国唐代的大文学家,代表作有我们熟悉的《陋室铭》《竹枝词》等,他与当时的著名诗人白居易齐名,被称为"诗豪"。刘禹锡在哲学领域也有极高的成就,特别是他的哲学著作《天论》,对后世影响深远。

刘禹锡虽然这么有才,但他的为官之路走得并不顺利,经常受到其他官员的排挤。有一次,刘禹锡就因受排挤,被降职到苏州去当刺史。

当时有个叫李绅的人,曾经做过司空这样的大官。李绅很欣赏刘禹锡的才学,于是把他邀请到家中,热情款待。

李绅对刘禹锡的招待规格可是非常高的。他不仅大摆宴席,准备了上等的美酒佳肴,还叫来几个美女表演歌舞助兴。李绅也是一位诗人,他的《悯农》一诗家喻户晓,诗句"锄禾日当午,汗滴禾下土,谁知盘中餐,粒粒皆辛苦",连两三岁的小孩都会背。可是看看现在，李绅竟然变得这么奢侈！

至于刘禹锡嘛，虽然对李绅的招待挺满意，但想到自己在官场上的遭遇，又感到很落寞。几杯酒下肚，刘禹锡就借着酒兴，当场写了一首诗："高髻（jì）云鬟（huán）宫样妆，春风一曲杜韦娘。司空见惯浑闲事，断尽江南刺史肠。"这首诗大致的意思是说，这些美女表演的歌舞真是棒极了，这在司空大人眼中，应该是已经见惯了的事情啦，可对于我这个被降职的苏州刺史来说，却是无限伤感啊！

李绅见刘禹锡心情依旧很不好，就挥挥手说："刘大人啊，那我就把这表演歌舞的美女送给你吧。"

你看，还真让刘禹锡说对了吧，曾经作诗提倡节俭的李绅，现在对于饮酒作乐这样的事情已经司空见惯啦，所以才会这么大方地把美女送人呀。

例句

🍙 幸亏洋提督早已司空见惯，看他磕头，昂不为礼。（清·李宝嘉《官场现形记》）

🍙 考试成绩保持在前三名之内，对于别人而言很困难，但对于他来说，已经是司空见惯的事情啦。

覆水难收
fù shuǐ nán shōu

南朝宋·范晔《后汉书·何进传》："国家之事，亦何容易！覆水不可收，宜深思之。"

释 覆：倒。覆水：倒在地上的水。水倒在地上，想要把它收回去，可就困难了。比喻事情已成定局，无法挽回。

近义 驷马难追 大势已去 木已成舟　　**反义** 破镜重圆 峰回路转 柳暗花明

商代末期的时候，在现在陕西省境内的渭河边上，有个七十多岁的白胡子老爷爷，整天拿着钓鱼竿在那里垂钓。

这位老人叫姜尚，他虽然穿着破旧的衣服，却气度不凡。最有意思的是，姜尚用来钓鱼的鱼钩竟然是笔直的，而且这直鱼钩上还没有挂鱼饵，这怎么能钓到鱼呢？

姜尚的妻子马氏非常生气，她来到河边破口大骂："你这人太没用啦！家里都快揭不开锅了，你还有心情在这里假装钓鱼？姜尚啊，我已经对你彻底失望了，我告诉你，现在我就要离开你，这样的穷日子，我再也过不下去了！"

妻子和姜尚大吵大闹，已经不是第一次了。以前，姜尚常会和声细语地对妻子说："你相信我，早晚有一天，我会飞黄腾达的！"可是这次，无论姜尚说什么，他的妻子都不相信了。姜尚实在没办法了，就对马氏说："唉，你想走就走吧！"

可马氏万万没想到，她走后没多久，周文王就带着大队人马到这附近打猎来了。周文王与姜尚聊了很久，对他非常欣赏，于是邀请他帮自己治理国家。

姜尚这下可不得了啦，他从一个穿着破衣烂衫的穷苦老人，变成了周文王最器重的大臣。姜尚为周文王出谋划策，并最终帮助他的儿子周武王灭掉商朝，建立了周朝，大家都尊称他为"姜太公"。

曾经狠心离开姜尚的马氏，见现在的姜太公住在深宅大院里，享受着高官厚禄

19 形势和场面

足局·覆水难收

的待遇，悔得肠子都青了。马氏赶紧梳妆打扮，笑嘻嘻地跑去找姜太公，想要回到他身边。

这马氏明摆着就是个"势利眼"啊！姜太公对她非常厌恶，于是板着脸，拿起一罐水，当着马氏的面全都倒在了地上，然后对她说："你能把这地上的水重新收集起来吗？"马氏赶紧趴在地上抓呀，抓呀，连一捧水都没收集到，倒是抓了两手的泥巴。

姜太公挥挥手说："你和我的关系，就像这泼出去的水，已经不能再恢复到从前了，你还是走吧！"就这样，姜太公用覆水难收的事实赶走了势利的马氏。

例句

程先生见王琦瑶生气，只怪自己说话不小心，也不够体谅王琦瑶，很是懊恼，又覆水难收。（王安忆《长恨歌》）

他考试时打小抄被老师抓了个正着，非常后悔，可犯下的错已经是覆水难收。

成语个性

这个成语多用来形容人与人之间关系破裂，难以复原。与本故事相似的典故还有"买臣覆水"，讲的是西汉时期当上大官的朱买臣，同样在地上泼了一盆水，以此告诉已经离开他的前妻崔氏，他们绝不可能再复合了。这个成语也用来指说出去的话，许下的承诺、做了的事情，不能再更改。注意不要把"覆"写成"复"。

盘根错节
pán gēn cuò jié

南朝宋·范晔《后汉书·虞诩传》:"不遇槃(pán)根错节,何以别利器乎?"

释 盘:缠绕。错:交叉。节:树枝。树根缠绕在一起,树枝交叉在一块。多用于形容事情错综复杂,很难处理。

近义 扑朔迷离 千头万绪 错综复杂

反义 一目了然 井井有条 简明扼要

虞诩(xǔ)是东汉时期的一位官员。他非常孝顺,为了照顾祖母,一直等到祖母九十多岁去世后,才去朝廷当官。可当官后,虞诩却因为自己刚正的性格遇到了很多挫折。

当时,西边的西羌族和北方的匈奴族,几乎在同一时间分别攻打凉州和并州这两个地方。大将邓骘(zhì)想放弃凉州,集中兵力保住并州,他说:"凉州和并州,就像破了的衣裳,补好了其中的一件,至少我们还能有一件好衣裳。要不然啊,这两个地方恐怕都保不住。"

邓骘是名门出身,又在战场上立下过很多战功,所以他的这个主张一提出来,大家纷纷附和。唯独虞诩坚决不同意,还跑去找自己的顶头上司张禹提建议。

虞诩说:"凉州是先帝辛辛苦

苦打下的江山，我们不能为了省事，就把它丢了。那样位于西安地区的三辅就成了边关，我们皇帝在那里的陵园岂不是跑到边界之外了吗？况且凉州的老百姓自幼习武，在战场上非常勇猛，他们对大汉忠心耿耿，西羌族很怕他们呀。如果我们放弃了凉州，恐怕老百姓也会不服气，甚至可能造反啊！这哪里是修补衣服那么简单的事情，明明就是溃烂的脓疮，放任不管只会越来越糟。"

张禹听虞诩说得有道理，就采纳了他的建议。可这让邓骘耿耿于怀。于是当朝歌县发生叛乱的时候，邓骘就提出："虞诩那么能干，就让他去解决这个棘手的问题吧。"

大家都很明白，镇压朝歌县叛乱的难度极大，不少被派去朝歌的官员都被当地人杀死了。虞诩身边的朋友很替他担心，觉得他这次去凶多吉少。

可是虞诩非常从容淡定，还笑着安慰朋友们说："一个有梦想的人，不会只挑那些容易的事情做，遇到困难的事情绝不会避开。这就像我们拿着斧头砍树，如果不是遇到盘绕着的根，交叉在一起的树枝，怎么能显示出斧头的锋利呢？"

于是虞诩收拾好行李，义无反顾地去朝歌赴任了。出乎邓骘预料的是，虞诩到达朝歌后，招募勇士，分化叛军力量，很快就平定了叛乱。虞诩敢于面对盘根错节的问题并加以解决，并因此功绩最终得以升职，这可气坏了心怀叵测的邓骘。

例句

🍪 盘根错节，可以验我之才；波流风靡，可以验我之操；艰难险阻，可以验我之思；震撼折衡，可以验我之力；含垢忍辱，可以验我之节。（清·曾国藩《曾国藩语录》）

🍪 尽管问题盘根错节，但只要我们鼓起勇气面对，相信总会找到解决问题的办法。

成语个性

也写作"蟠根错节""错节盘根"。这个成语有三重含义：一是直接用来形容树木的根须、枝节缠绕在一起的样子；二是用来比喻情况极其复杂；三是比喻落后、邪恶的势力根深蒂固，难以铲除。

19 形势和场面 复杂·盘根错节

图穷匕见
tú qióng bǐ xiàn

汉·刘向《战国策·燕策三》："轲既取图奉之，发图，图穷而匕首见。"

释 穷：穷尽。见：显现。指事情到了最后，终于露出真相或本意。

近义 水落石出 暴露无遗 原形毕露

反义 秘而不宣 守口如瓶 扑朔迷离

在中国历史上，秦始皇嬴（yíng）政可是个重量级名人！他实现了中华大一统，成为我国历史上第一个皇帝。

不过你知道吗？战国末年，嬴政却因为他的野心勃勃，被其他诸侯国所怨恨。燕国的太子丹甚至专门物色了一个叫荆轲的人，把他当贵宾一样养在家里，准备去刺杀秦王。

秦国陆续将各诸侯国消灭，眼看就要来攻打燕国了，太子丹急得额头直冒汗。他赶紧去找荆轲，想要商量出一个刺杀秦王的方案。

为了能够接近秦王，荆轲提出，他要拿着逃来燕国的秦国叛将樊於（wū）期的头，还有一张燕国的城池地图，去向秦王假装求和。太子丹还送给荆轲一把匕首和一个叫秦舞阳的人作为助手。那匕首不仅极其锋利，而且上面涂有剧毒。至于那秦舞阳，据说杀人不眨眼，非常勇敢。

一切准备就绪，荆轲按照计划，和秦舞阳一起来到秦国的都城咸阳。谁知见到秦王后，捧着地图的秦舞阳却慌了神，他脸色煞白，浑身发抖，看上去害怕极了。荆轲赶紧解围说："我们这位使者没见过世面，还请大王不要怪罪他！"秦王摆摆手，让荆轲自己捧着装有樊於期头颅的木匣和地图，走上前来呈给他。

只见荆轲毕恭毕敬，脚步沉稳地一步步靠近秦王。他先将木匣呈上，秦王打开一看，还真是樊於期的头，非常开心。然后荆轲把卷着的地图一点一点为秦王展开，当地图全部展开的时候，天哪，秦王看到，地图里赫然出现了一把匕首！

秦王吓得向后一退，荆轲则一手抓住秦王的衣袖，另一只手迅速拿起匕首，向秦王刺过去。在这生死攸关的时刻，秦王用尽全身力气，把衣袖扯坏了才挣脱开。秦王打算拔出佩剑，可是剑太长了，情急之下没能拔出来。这时荆轲已经追了上来。秦王绕着殿内的柱子跑，荆轲则拿着匕首在后面拼命追。秦王经人提醒，把剑鞘推到背后，终于拔出了剑，刺伤了荆轲。荆轲倒地后，拼尽全力将匕首向秦王扔过去，只可惜这匕首打在了柱子上。

最后，荆轲被秦王的侍卫们杀死了，他的刺杀计划就这样以失败告终。

例句

- 不意先生乃蓄别抱，图穷匕见，爰有斯言。（叶圣陶《一个青年》）
- 就算有再多的掩饰，但邪恶的念头终究会通过行动图穷匕见。

成语个性

本成语中的"见"是个通假字，相当于"现"字，应当读 xiàn，不要读成 jiàn。这个成语也可以写成"图穷匕首见"。

东窗事发
dōng chuāng shì fā

元·刘一清《钱塘遗事》:"可烦传语夫人,东窗事发矣!"

释 指阴谋败露,或是秘密被发现。

近义 真相大白 水落石出

反义 秘而不宣 守口如瓶

岳飞是我国南宋时期的抗金名将。当时北方的金国入侵中原,北宋朝廷覆亡。宋朝贵族们逃到杭州,建立了历史上的南宋。岳飞等忠心耿耿的宋朝将领,率领士兵在战场上挥洒热血,英勇抗击金兵,以至于金人一听到岳飞的大名就吓得浑身发抖。

可是,岳飞这样一位忠臣,却被当时奸诈的秦桧(huì)所陷害。秦桧为了保全自己的利益,暗中与金勾结,同时仗着自己在南宋朝廷位高权重,一直主张放弃武装反抗,委曲求全地与金讲和。

当秦桧看到岳飞把金兵打得节节败退的时候,心里非常害怕。有一天,秦桧和妻子王氏悄悄躲在自己家卧室东边的窗子旁边商量对策。这王氏也不是什么好人,尽管长得很漂亮,但对人总是凶巴巴的,没有半点仁慈之心。她凑到秦桧耳边,小声地说:"岳飞就像一只凶猛的老虎,如果我们现在放过他,恐怕以后会有更多麻烦。"于是两人给岳飞胡乱编造出一些罪名,把岳飞给害死了。

岳飞的死,令天下人对秦桧更加恨之入骨。后来秦桧病死了,他和王氏抱养的儿子秦熺(xī)也死了,老百姓都觉得大快人心,就演绎出了这样一个秦桧罪有应得的传说。

相传王氏见丈夫和儿子都死了,就请来一位道士,想为这父子二人超度,顺便看看他们在阴间过得怎么样。道士跑去阴间这一看啊,吓出了一身冷汗。他先是遇到了身上戴着镣铐的秦熺,秦熺告诉道士:"我父亲在地狱里受苦呢!"道士费了半天劲,好不容易在地狱里找到秦桧,见他正被各种酷刑折磨着。受尽折磨的秦桧一见道士,便赶紧对他说:"你快告诉夫人,我们在东窗之下谋划害死岳飞的事情,已经被这里的人全部告发了！"

道士回来后，把秦桧的话转告给了王氏。王氏一听，吓得每天吃不好、睡不着，没过多久就死了。

🌰 例句

🍂 乔琪知道东窗事发了，一味的推托，哪里肯来。（张爱玲《沉香屑·第一炉香》）

🍂 小登今天逃了半天课，看到妈妈接完班主任电话后阴沉的脸色，他就知道东窗事发了。

成 语 个 性

这个成语也写作"东窗事犯"。后来人们还用"东窗计"指那些谋害忠良的阴谋诡计，用"东窗妇"指那些阴险狡诈的坏人。

箭在弦上，不得不发

宋·李昉（fǎng）《太平御览》引《魏书》："琳谢曰：'矢在弦上，不得不发。'"

释 箭已经搭在弓弦上，必须要射出去了。比喻为形势所迫，到了不得不做的地步。

近义 如箭在弦 势在必行

反义 引而不发 按兵不动

东汉末年，曹操的实力越来越强大。他控制了当时的皇帝汉献帝，然后借着皇帝的名义，向各路军队发号施令。

曹操的这种做法，令占领了黄河以北大部分地区的袁绍非常不满。袁绍心想，我手中掌握着十万大军，他曹操算什么！于是袁绍派兵南下，准备给曹操一点儿颜色瞧瞧。

经过细致的作战部署，曹操把主力军放到了位于现在河南省境内的官渡这个地方。历史上有名的官渡之战，就这样即将开始啦。

战争爆发之前，自以为是的袁绍想先好好骂一骂曹操，于是他让手下一位叫陈琳的大臣，写了一篇名为《为袁绍檄（xí）豫州文》的声讨文章，在古代称为檄文。陈琳这个人很有才华，他在檄文里不仅把曹操骂了个狗血喷头，连曹操的祖宗十八代都给骂了。这篇文章也成了历史上檄文的典范，一直被后人称赞。

头疼病刚好犯了的曹操看了陈琳的檄文，全身冒出冷汗来。没想到这汗一出，折磨了曹操多年的慢性头疼病竟然好了。曹操不禁感叹："原来陈琳的檄文还有治病的功效啊，实在是有趣！不过虽然这陈琳文采出众，但那袁绍却是个有勇无谋的人，陈琳为他效力，真是可惜啦！"

这之后，曹操在官渡之战中把袁绍打得落花流水。袁绍不久后就去世了，曹操的军事实力则变得更加强大，很快就把袁绍的老窝给端了。曹操让人把陈琳抓来，当面问他："你当年写的那篇骂我的文章，骂骂我也就算了，怎么连我的祖辈也都骂了？这就不对了吧！"

陈琳无奈地回答道："唉，我就如同那被放在弦上的箭，袁绍就是弓啊，袁绍要射出我这支箭，您说我能不配合吗？"

曹操身边的人一看，陈琳不向曹操低头认罪，还强词夺理，就劝曹操把他杀了。可曹操实在是欣赏陈琳的才华，况且这"箭在弦上，不得不发"的说法也没错呀！于是曹操很大度地摆摆手说："罢了，罢了！陈琳啊，以前的事我就不追究啦，你就到我这里来好好工作吧！"

从此以后，陈琳就开始专门为曹操写文章。他的文章写得确实好，好到很多时候曹操完全不用修改，就可以直接使用啦！

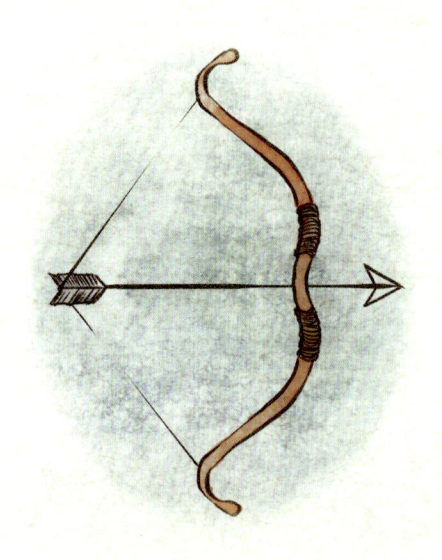

形势和场面 / 紧迫·箭在弦上，不得不发

例句

☛ 至于我，其实乃是箭在弦上，不得不发。（鲁迅《鲁迅书信集》）

☛ 事情发展成现在这样，并不是我所能够控制的，实在是箭在弦上，不得不发呀。

成语个性

故事中所说的"檄文"，是指古时候发动战争前，由专人写的一篇声讨敌人的文章。文章中常会用夸张的手法，细数敌人的罪行，从而表明我方发起战争是名正言顺的。这个成语主要用来强调做某事是迫不得已。另外，"箭在弦上"也可以单独使用，意义一样。

骑虎难下

qí hǔ nán xià

唐·房玄龄《晋书·温峤传》："今之事势，义无旋踵，骑猛兽安可中下哉！"

释 骑到了老虎背上，想下来就很困难了。比喻做事虽然遇到困难，但迫于形势无法中途停下来。

近义 欲罢不能

在唐代之后的五代时期，天下四分五裂，除了中原的后梁、后唐、后晋、后汉、后周这五个依次更替的朝代，还先后存在过十多个割据政权。不过恰恰是在这样一个混乱的时代，涌现出了许多传奇人物。

现在我们就来讲一个关于后唐将领郭崇韬的故事。郭崇韬文武双全，既能出谋划策，又能领兵打仗，因此受到了河东节度使李克用、李存勖（xù）父子的重用。特别是李存勖掌权后，郭崇韬在讨伐河北军阀的战争中，表现出杰出的军事才能，将前来支援的契丹军队打得落荒而逃。因此，当李存勖建立后唐，当上皇帝后，便把重要的兵权交给了郭崇韬。就在这一年，郭崇韬为李存勖献计献策，只用了八天时间，就把后梁给消灭了。这下郭崇韬可了不得啦，李存勖给他加官进爵，把重要的军政事务都交给他处理。

不过但凡才能出众的人，性格也往往比较耿直。郭崇韬在战场上富有谋略，但是在处理官场上的人际关系方面，就不太擅长了。他因为处理问题直来直去，得罪了皇帝身边的宦官李绍宏。

郭崇韬不愿和宦官争斗，想辞去京城里的官职，去外地当个地方官。可他手下的人劝他说："大人啊，您现在的处境，就如同骑在了猛虎的背上。既然骑上去了，想要下来，恐怕就困难了。如果您想退出这场争斗，以李绍宏的为人，应该不会善罢甘休。到那时您手中没有了权力，还怎么保全自己呢？"经手下人这么一说，郭崇韬便决定留在朝中。他先是扶持刘氏当上皇后，加强自己的势力，又为皇帝提了很多治理国家的合理化建议。

可宦官实在是太坏了，他们经常在皇帝耳边说郭崇韬的坏话。开始的时候皇帝不信，可久而久之，皇帝就开始起了疑心。加上郭崇韬在伐蜀的战争中，对宦官非常怠慢，这些宦官就联合起来，给郭崇韬编造了很多罪名，说他想要谋反。最后，骑虎难下的郭崇韬，真的被宦官害死了。

形势和场面 困境·骑虎难下

成语个性

这个成语故事出自宋代欧阳修的《新五代史·郭崇韬传》。而这个成语更早的出处来自唐代房玄龄等人撰写的《晋书》，东晋时大臣温峤用"骑猛兽安可中下哉"来劝说主帅陶侃，让他尽全力讨伐叛军。因为唐代开国皇帝的祖父叫李虎，所以唐代人避讳说"虎"字，改称"虎"为"兽"。"骑虎难下"这个成语，就是从温峤的这句话演变而来的。

例句

● 这些天还是在接羔管羔的大忙季节，牧民很少串门，大部分牧民还不知道他养了一条小狼，就是听说了也没人来看过。可以后怎么办？骑虎难下，骑狼更难下。（姜戎《狼图腾：小狼小狼》）

● 我们已经按计划采取了行动，如果现在要中止这个计划，恐怕是骑虎难下啦。

四面楚歌
sì miàn chǔ gē

汉·司马迁《史记·项羽本纪》:"项王军壁垓下,兵少食尽,汉军及诸侯兵围之数重,夜闻汉军四面皆楚歌,项王乃大惊曰:'汉皆已得楚乎?是何楚人之多也!'"

释 形容被敌人团团包围,陷入孤立无援的处境。

近义 危机四伏 腹背受敌

反义 左右逢源 得道多助

西楚霸王项羽,对于我们来说真是太熟悉啦!在许多影视剧、小说甚至游戏中,他常被塑造成帅气勇敢的大英雄。可项羽在推翻了秦朝的统治后,却败给了和他一同起兵的刘邦。项羽究竟败在哪里了呢?这其中很关键的一点,就是项羽在智谋方面,和刘邦还是有差距啊。

当年项羽和刘邦消灭秦朝后,他们约定好以位于现在河南省境内的鸿沟为边界线,项羽在项羽的地盘上享受胜利，刘邦在刘邦的地盘上治理百姓，他们都不去干涉对方。

可好景不长，随着刘邦的力量渐渐变得强大，加上身边有张良和陈平出谋划策，于是野心勃勃的刘邦开始发兵攻打项羽。最后，刘邦的大队人马把项羽和他的楚军团团包围在位于现在安徽省境内的垓（gāi）下。

这时项羽的兵力已经不多了，士兵们死的死、伤的伤，全军的士气非常低落。张良又给刘邦献上了一条能让项羽的处境火上浇油的妙计。他们派人在楚军的营帐四周隐藏起来，趁着夜色唱起了楚军将士们在家乡常听到的楚国歌曲。这楚歌听上去特别悲伤，楚军将士们想到眼下令人绝望的处境，有些人便忍不住失声痛哭起来。

就连项羽也被这熟悉的楚歌给影响了，他惊讶地说："刘邦的军队里竟然有这么多楚国人啊，难道他已经把我们楚国的领地占为己有了吗？"

项羽这心里正难受呢，他最宠爱的小妾虞姬听到楚歌后，竟然拔出项羽的佩剑，结束了自己的生命。

项羽陷入了四面楚歌的绝境，觉得自己被刘邦打败已经成了定局。失去了斗志的项羽骑马逃到乌江边，见前面已经无路可逃，便在江边拔剑自刎了。

例句

在这四面楚歌里，凭你怎样伶牙俐齿，也只得服从了。（朱自清《航船中的文明》）

他始终坚持自己的意见，在讨论会上陷入四面楚歌的窘境。

成语个性

这个成语多用于人事关系中，指一个人陷入了某种孤立的处境。可以用来形容好人陷入了坏的处境，也可以指坏人被好人所孤立。

水深火热
shuǐ shēn huǒ rè

战国·孟轲《孟子·梁惠王下》:"以万乘之国伐万乘之国,箪食壶浆以迎王师,岂有他哉?避水火也。如水益深,如火益热,亦运而已矣。"

释 形容生活处境异常艰难痛苦。

近义 生灵涂炭 民不聊生 哀鸿遍野

反义 人寿年丰 国泰民安 政通人和

老百姓最讨厌国家打仗了。这一点,战国时期著名的思想家孟子早就意识到了。有一年,燕国内部贵族之间打得不可开交。燕王哙(kuài)因为自己年老,就把朝政大权让给了国相子之。燕王哙觉得自己很高尚，可掌握着重兵的大将军市被却愤愤不平，他与太子平联合起来，挑起了内战。后来，太子平和市被之间又打了起来。这燕国上下呀，简直乱成了一团。

邻国的齐宣王瞅准时机，让大将匡章带领齐军进攻燕国。燕国人纷纷放下武器，打开城门，有的老百姓甚至还送来了食物和水，迎接齐国大军。

齐宣王见匡章用了不到两个月时间，就平息了燕国各地的战乱，便想把燕国占为己有。于是齐宣王把孟子请来，想听听他的看法。齐宣王问孟子："先生啊，您说我应不应该趁这个机会吞并燕国呢？"

孟子并没有急着下结论，而是先给齐宣王讲了商周时期周文王和周武王的故事。孟子说："周武王统治时期，灭掉了商纣王，老百姓们都很高兴。可在这之前的周文王统治时期，由于时机还不成熟，文王考虑到老百姓可能并不希望纣王被灭掉，所以没有轻举妄动。您想吞并燕国也是如此啊。"

说到这里，孟子顿了顿，见齐宣王频频点头表示赞同，于是继续说道："先前您的军队之所以那么顺利地攻占了燕国，百姓们甚至用筐盛着饭、用壶装着水，前来迎接大军，这是为什么呢？还不是因为百姓们想躲避水火一般可怕的战乱。他们认为，齐国的军队是来将他们从战争中解救出来的。可是如果齐军想要将燕国占为己有，燕国的老百姓会意识到，他们即将面临另一场战争的灾难，燕国即将灭亡，就像水更加深，火更加热，老百姓就像处于深水中或热火中那么难受，这样他们势必会起来反抗！"

经孟子这么一说，齐宣王豁然开朗，于是放弃了将燕国占为己有的念头。

例句

🍂 他现在欠一屁股债，处于水深火热之中，煎熬得吃不下饭，睡不着觉。（路遥《平凡的世界》）

🍂 战争让老百姓长期生活在水深火热之中，大家都恨透了这些军阀。

成语个性

这个成语主要用来指苦难深重的生活。另外，成语"箪食壶浆"也来源于本故事，用来形容百姓备好饮食，欢迎、犒劳军队，也指用饮食赠人或款待客人。

19 形势和场面·困境·水深火热

涸辙之鲋
hé zhé zhī fù

战国·庄周《庄子·外物》："（庄）周昨来，有中道而呼者，周顾视车辙中，有鲋鱼焉。"

释 涸：干涸。辙：车辙，车轮在地面压出的沟痕。鲋：鲫鱼。比喻处在困境中急待救助的人或物。

近义 嗷嗷待哺 **反义** 涸鱼得水 绝处逢生

战国时期，著名的思想家庄子虽然学识渊博，但家里很贫穷，有一次，家中连做饭的米都没有了。这饿肚子的苦可实在让人没法忍。庄子搓着手踱了半天步，左思右想，终于下定决心，去向一个被称为监河侯的人借些米。

监河侯生活富裕，借庄子一点儿米，对他来说根本就是小菜一碟。可偏偏监河侯特别抠门，就算是借这点儿米，也像是要割他的肉一样。他冲庄子笑了笑，装作很热情的样子说："不就是借点儿米吗，当然可以啦！不过你得等一等，等我把这个月的租钱收到了，别说是一点儿米了，我借给你三百两金子，好不好？"

庄子打量了一下监河侯的家，装修气派豪华，一看就不差钱。庄子心想，他这明显就是在忽悠我呀。可庄子毕竟是个有修养的人，他没有直接揭穿监河侯，而是给他讲了个生动有趣的故事。

庄子说："我昨天来的路上，突然听到有人喊，'救命啊！'我这儿看看，那儿看看，奇怪了，没有人啊！等我低头一看，哎呀，路面的车辙里竟然有条鲫鱼。我就问鲫鱼，'刚才是你喊救命吗？'鲫鱼说，'是啊，先生，我家住东海，不小心被困在了这里。先生啊，求您给我点儿水，救救我吧！'你猜我怎么说？"

监河侯听这故事讲得稀奇，一时之间不知道该如何回答，于是摇了摇头。

庄子接着讲道："我当然是大大方方地答应啦。我还对鲫鱼说，'你等着，我去南方找吴国和越国的大王，让他们把西江的水引来，这样就可以救你啦！'没想到啊，那鲫鱼却气呼呼地对我说，'你这个人怎么这样！我只是求你给我一升半斗水，我就可以活下来了。你可倒好，在这里空口说大话，说要跑到南方去引什么西江水。等你把水引来，我早就变成鱼干啦！'"

　　故事讲完了，庄子米也不借了，他洒脱地冲监河侯挥了挥手，转身离开了。监河侯看着庄子的背影，这才明白过来，庄子是在用涸辙之鲋的故事骂他吝啬呢！

例句

- 但人不能饿着静候理想世界的到来，至少也得留一点残喘，正如涸辙之鲋，急谋升斗之水一样。（鲁迅《坟·娜拉走后怎样》）
- 科考队在沙漠里迷路了，他们如同涸辙之鲋，苦苦坚持了一个多月，最后终于被搜救人员发现。

成语个性

　　也写作"涸辙之鱼"。庄子的这个故事，嘲讽了像监河侯那样做事不实事求是，只会凭空许诺的人。成语"枯鱼之肆"也来源于这个典故，比喻无可挽救的绝境。

19 形势和场面 困境·涸辙之鲋

孤注一掷
gū zhù yí zhì

唐·房玄龄《晋书·孙绰传》:"何故舍百胜之长理,举天下而一掷哉!"元·脱脱《宋史·寇准传》:"博者输钱欲尽,乃罄(qìng)所有出之,谓之孤注。"

释 注:筹码,赌注。掷:掷骰(tóu)子。赌博的人把所有的钱一次投做赌注,企图最后获胜。比喻倾尽全力冒险行事,以求侥幸成功。

近义 铤而走险 破釜沉舟 背水一战

反义 畏缩不前 望而却步 犹豫不决

　　洛阳位于黄河中下游,是古代沟通南北方的战略要地,也是西晋时的都城。西晋灭亡后,晋朝皇族在南方建立了东晋,都城定在现在的南京。

　　东晋大臣桓温收复洛阳后,便建议皇帝把都城迁回洛阳去。不过,桓温想要迁都洛阳,可不是为了国家利益,那是为了什么呢?原来,桓温当时带兵北伐,打了很多败仗,为了重新树立自己的威信,就提出了迁都洛阳这个大胆的想法。

19 形势和场面

困境·孤注一掷

桓温多次上书皇帝，他在奏折中说："我们在南方过得很安稳，可洛阳饱受战乱之苦，在那里的皇家陵园也不得安宁。我们应当抓住现在的好机会，以洛阳为起点，进一步收复北方。"为了说服皇帝迁都，桓温还在奏折里把晋朝的历史回顾了一遍。他提醒皇帝，东晋统治南方太久了，有些人已经忘记了原本的故乡。他给皇帝描绘出一幅迁都洛阳后的美好画面，并信誓旦旦地保证愿意做先锋，就算是牺牲自己，也要去为皇帝建功立业。

尽管桓温的话说得很漂亮，可大家心里都明白，现在并不是迁都洛阳的最佳时机。因为少数民族在北方地区建立了好些个小国家，战乱不断，以东晋目前的实力，迁都洛阳如同羊入虎口，只会给东晋带来危险和不必要的战争。

可桓温毕竟在东晋有着极高的威望和权势，他说的话，一时之间还真没人敢站出来反对。只有一位叫孙绰的大臣，壮着胆子写了篇名为《谏移都洛阳疏》的文章。他在文章中说："南方因为有长江天险，易守难攻，所以我们现在能够过得很安稳。况且我们在南方这么多年，很多人都已经在这里扎根，后来几位帝王的陵墓也都在这里，迁都洛阳的话，我们在这里的基业怎么办？老百姓也会因为迁都而惶惶不安，大家会觉得放着现在的好日子不过，偏要去北方面对战乱，还要忍受长途跋涉，这实在是拿着大家的安危作为唯一的赌注，所冒的风险也太大啦！"

桓温听孙绰说自己这是孤注一掷，很不满地撇撇嘴说："孙绰只是个书生，他懂什么？还是好好回去读书写字吧！"不过最后，皇帝还是采纳了孙绰的建议，驳回了桓温迁都的提议。

例句

- 无如他被全台的公愤逼迫得没有回旋余地，只好挺身而出，作孤注一掷了。（清·曾朴《孽海花》）
- 黑漆漆的山洞里很可能会有猛兽出没，但为了找到失踪的探险队员们，救援小队也只能孤注一掷了。

日暮途穷
rì mù tú qióng

汉·司马迁《史记·伍子胥列传》:"吾日暮途远,吾故倒行而逆施之。"

释 天色已晚,路已经走到了尽头。比喻已经到了走投无路或快要灭亡的境地。

近义 走投无路 山穷水尽 穷途末路

反义 前程万里 如日中天 蒸蒸日上

春秋时期,大军事家伍子胥(xū)与楚国君主楚平王之间有着不共戴天的仇恨。因为当年楚平王听信奸臣的话,下令把太子的老师伍奢全家都给杀了。

伍子胥是伍奢的二儿子,也是他们家唯一的幸存者。他在好朋友申包胥的帮助下,从楚国逃了出来。伍子胥曾对申包胥说:"总有一天,我会亲手把楚国消灭掉!"伍子胥带着这样的仇恨辗转于各个诸侯国,最终在吴国找到了自己的用武之地。他费尽心思,帮助吴国的公子光当上了国君,即吴王阖闾(hé lǘ)。

后来,伍子胥奉吴王之命,带领着千军万马来攻打楚国。伍子胥不

仅将楚国位于现在湖北荆州的都城郢（yǐng）给占领了，还把已经去世的楚平王从坟墓里挖了出来。看着楚平王的尸体，想起当年的杀父灭门之仇，伍子胥怒不可遏。他找来一根鞭子，对着楚平王的尸体就是一顿猛抽，足足抽了三百下，他的怒气才消了一点点。

伍子胥鞭尸这件事很快就传开了。当年帮助过伍子胥的申包胥听说后，觉得他这样做，实在不是正人君子所为，于是派人来对伍子胥说："楚平王都已经去世了，怎么你还放不下自己的仇恨呢？况且你也曾经在楚国当过大臣，现在却因为被仇恨冲昏了头脑，而去鞭打楚平王的尸体，这样做不对啊！"

申包胥和伍子胥虽然是好朋友，但他们的立场却很不一样。申包胥正直无私，忠君爱国，当年伍子胥说他要灭掉楚国的时候，申包胥曾说："我一定要让楚国变得更强大。"楚国都城沦陷后，申包胥跑去秦国哭了七天七夜，终于搬来救兵，帮助楚王成功复国。

伍子胥可没有申包胥那样的胸襟，他让人给申包胥带信说："我这个人啊，就是为了报仇活着的。我的世界现在已经是太阳落山了，脚下的路也走到了尽头，所以我没有别的选择，只好逆着方向前进，做些违反常理的事情。"

例句

- 匪徒们真是日暮途穷，矛盾百出。（曲波《林海雪原》）
- 这群劫匪被警方团团包围，他们心里明白，现在已经是日暮途穷了。

成语个性

本成语出自伍子胥说的一句话："吾日暮途远，吾故倒行而逆施之。"这句话还出了另一个成语：倒行逆施。指做事违反常理，现在多用来指所作所为违背社会正义和时代潮流。

门庭若市
mén tíng ruò shì

汉·刘向《战国策·齐策一》："令初下，群臣进谏，门庭若市。"

释 门口和院子里人很多，像集市一样热闹。形容来的人极多，非常热闹。

近义 高朋满座 宾客盈门 户限为穿　　**反义** 门可罗雀 无人问津

齐威王是战国时期一位非常优秀的君主，他请来很多有才能的人辅佐自己，这其中就有一位叫邹忌的大帅哥。不过你知道吗？邹忌曾经拿自己的帅气做文章，给齐威王讲了个意味深长的故事。

有一天，邹忌穿戴好上朝的服装后，对着镜子仔细照了照，这时他突然想起了齐国有名的大帅哥徐公，就随口问妻子说："你说我和住在城北的徐公相比，谁更帅一些？"邹忌的妻子想也没想，脱口就说："当然是你啦！徐公简直跟你没法比。"

为了证实妻子的话，邹忌又去问他最宠爱的小妾，小妾的回答和妻子一样。可即便是这样，邹忌依旧觉得不可信。后来有位好朋友到他家来做客，邹忌又问了他这个问题，好朋友的回答也如出一辙。邹忌还是觉得，大家都在捡自己爱听的话说。

后来，徐公来他家拜访，邹忌从头到脚好好看了看徐公，最后得出的结论是，自己根本没有徐公帅。

齐威王听了这个故事，觉得很有趣，就笑着问邹忌："先生给我讲这个故事，是想要说明什么吗？"

邹忌于是对齐威王说："我的妻子和小妾因为怕我生气，就说我帅；我的朋友来求我办事，也说我帅。可是见到徐公本人后，我发现自己并没有他帅。大王您看，在我们齐国,您是地位最尊贵的人,想要恭维您的人更是不计其数,可这却容易让您看不到事情的真相和本质。因此,如果大王想把国家治理好,就要放下君主的架子,诚恳地向天下人征求意见才行啊!"

齐威王认为邹忌说得很对,就昭告天下:"谁能当面指出我所犯的错误,我就给他最上等的赏赐;谁能写奏折劝告我,我就给他中等的赏赐;谁能在朝堂之上或者在街上说出我的过错,让我知道了,我就给他第三等的赏赐。"

大家听说之后,争先恐后地去给齐威王提建议。最初的一段时间里,齐威王的宫殿门口就像是热闹的街市一样,人群络绎不绝。这样门庭若市的场面,还真像邹忌说的那样,最终让齐威王把齐国治理得更加强大了。

例句

- 粉妆楼有许多朋友,一天到晚门庭若市。(老舍《四世同堂》)
- 街口那家餐馆,用心经营了十年,现在每天都是门庭若市。

19 形势和场面 热闹·门庭若市

大庭广众
dà tíng guǎng zhòng

宋·欧阳修、宋祁《新唐书·张行成传》:"左右文武诚无将相材,奚用大庭广众与之量校,损万乘之尊,与臣下争功哉?"

19 大庭广众

形势和场面 / 热闹 · 大庭广众

释 庭：厅堂。广众：很多人。指人数众多的公开场合。

近义 众目睽睽　光天化日

唐太宗非常重视人才，他总觉得自己身边的人才不够多。

有一次，唐太宗就在满朝文武面前抱怨说："我这个皇帝当得可真是够累的。我不仅要做皇帝，还要把将军和宰相的事情都给做了。你们看看以往的那些君主，远古时期的舜有后稷帮忙，大禹有殷契辅佐，商朝的汤有伊尹这个人才，周武王就更不用说啦，他有姜太公啊。再看看汉高祖刘邦，他麾（huī）下的人才就更多了，有萧何、曹参，还有韩信、彭越等人。你们再看看我！唉，朕可真够可怜的，没有得力的人帮忙，我就得自己处理所有的国家大事。"

虽然大臣们都知道皇帝这是在闹情绪，可谁也不敢多说半句话，怕说错了，惹得皇帝更加不高兴。于是大臣们你看看我，我看看你，都不知道该怎么办。

只有一位叫张行成的大臣，为人非常直率，他觉得唐太宗身为一国之君，这样说话可不太妥当。于是张行成站出来，先把唐太宗夸奖了一番："陛下是圣明君主，灭了惨无人道的隋朝，让天下百姓过上了好日子。这可是周朝、西汉等以往的君主比不上的，我们这些臣子就更加只有仰视您的份儿了。"

接下来，张行成便要指出唐太宗的不妥之处了，他说："您作为天子，地位是无比尊贵的，所以您应该冷静下来，不该在朝堂之上当着这么多人的面抱怨啊！高高在上的皇帝，怎么能拿自己与我们这些地位低下的臣子相比，还要比谁的功劳大呢？"

唐太宗听了，觉得张行成说得很有道理，便开始重用他，让他去辅佐太子。张行成后来多次给皇帝献计献策，唐太宗也很少再在大庭广众之下发牢骚了。

例句

● 女孩子爱面子，她不愿在大庭广众面前领自己那份不光彩的干粮，顿顿饭都是等别人吃完后她才去。（路遥《平凡的世界》）

● 我们要养成讲礼貌的好习惯，尤其是在大庭广众之下，更要注意规范自己的言行。

成语个性

庭，不要写作"廷"。

车水马龙
chē shuǐ mǎ lóng

南朝宋·范晔《后汉书·明德马皇后纪》："前过濯（zhuó）龙门上，见外家问起居者，车如流水，马如游龙。"

释 车子多得像流水，马匹多得像长龙。形容车马很多，人来人往，热闹非凡。

近义 川流不息 络绎不绝 熙熙攘攘

反义 门可罗雀 荒无人烟 人迹罕至

东汉明帝的皇后马氏，是一位备受后人称赞的女性。

马皇后的父亲是著名的伏波将军马援。马援为汉光武帝刘秀建立东汉立下了汗马功劳，马氏作为马援最小的女儿，为人却并不张扬。她很小的时候父母就去世了，十岁的马氏便承担起了管理家族事务的重任，十三岁入宫后，受到了皇家的喜爱。

汉明帝即位后，马氏当上了皇后。她在吃饭穿衣方面都不是很讲究，唯独喜欢读书。汉明帝经常把一些令他为难的奏折拿给皇后看，皇后虽然会给出合理化建议，但也坚持不对朝政进行干预。

马皇后没有儿子，就收养了亲戚贾贵人的孩子刘炟（dá），把他当亲生儿子一样尽心尽力调教。汉明帝去世后，刘炟继承了皇位，马皇后也就成为了皇太后。刘炟想把太后的兄弟们都封为侯爵。在我国历史上，皇后、皇太后和娘家人联合起来，在朝廷上独断专权的例子不计其数，可马太后不是这样的人，她拒绝了皇帝的好意。

19 形势和场面 / 热闹 · 车水马龙

时隔一年，国家遭了旱灾，有大臣想要讨好皇太后，便又请求皇帝给三位舅舅封爵。大臣还声称，眼下的旱灾就是因为没有封赏皇太后的娘家人造成的。

马太后一听，这根本就是无稽之谈啊，于是下诏书说："你们这样做，多半是为了讨好我，这与今年遭遇旱灾毫无关系！光武帝不允许给后妃的娘家人封爵，就是为了避免这些人权力过大，给国家带来严重威胁。我现在身为皇太后，衣食无忧，再看看我的娘家人，他们都过着富裕的日子。我不久之前看到，皇帝的舅舅家门口非常热闹，车子一辆接着一辆，就像流水一般；马匹呢，多得排成了长龙。我的娘家人现在已经够风光的了，再给他们加官进爵，绝对不行！"

就这样，马太后再次拒绝了给自己娘家人封爵的提议。她也因为这样的举动，更加令人敬佩啦！

例句

- 总之一到逛庙这天，各不后人，到不了半晌午，就车水马龙，拥挤得气息不通了。（萧红《呼兰河传》）
- 见惯了都市里的车水马龙，来到偏远乡村，他反而觉得什么都新奇起来。

成语个性

成语"含饴弄孙"也出自马皇后的故事，指嘴里含着糖，逗小孙子玩，形容老年人不问他事，悠闲地享受天伦之乐。

比肩继踵
bǐ jiān jì zhǒng

春秋·晏婴《晏子春秋·内篇杂下》:"临淄三百闾(lǘ),张袂(mèi)成阴,挥汗成雨,比肩继踵而在,何为无人?"

释 比:靠着,接近。踵:脚后跟。肩膀挨着肩膀,脚尖踩着脚后跟。形容人很多,非常拥挤或连续不断。

近义 摩肩接踵 川流不息 水泄不通　　**反义** 人迹罕至 荒无人烟 门可罗雀

孔子称赞他是真正的君子,司马迁愿意拿着鞭子为他赶车,这个人是谁呢?他叫晏婴,也就是春秋时期齐国杰出的大臣晏子。晏子前后辅佐了三代齐王,积极推动了齐国的外交,他出使楚国的故事一直被后人津津乐道。

当时齐景公想要联合楚国,于是派晏子到楚国去进行友好访问。可楚王的态度并不友好,他听说齐国的使者晏子来了,就想好好羞辱一下他。

有人告诉楚王，说晏子身材矮小，楚王就想出个坏主意，让人在城门旁边挖了个小门，暗示晏子个头矮，不用走高大的城门，从这个小门进就行了。

晏子站在门口一看，就明白了楚国人的用意，他大声喊道："如果我访问的是狗国，当然要从狗洞里进。可现在我是来你们楚国访问啊，怎么可以从狗洞进去呢？"楚王本想羞辱晏子，没想到反被晏子嘲笑了一番，没办法，只好让人领着晏子从大门进来了。

晏子见到楚王后，楚王斜着眼睛，傲慢地对晏子说："你们齐国没人了吗？怎么把你给派来了？"

晏子也不生气，昂着头不卑不亢地说："我们齐国啊，仅仅是国都临淄（zī），就有七千多户人家，人人把衣服的袖口展开，能将天空遮住；人人抹一把额头上的汗水甩下来，就像下了一场大雨。我们齐国人多到走路时肩膀都会相互碰到，后面走路的人一不小心，脚尖就会踩到前面人的脚后跟。齐国这么多人呢，您怎么能说没人呢？"

楚王一听，心想，他这不是在吹牛嘛，便敷衍着说："哦，原来你们齐国有这么多人呀，那怎么就派你这么个身材矮小的人来访问呢？"

晏子依旧不慌不忙地回答道："我们齐国的使者，每个人都有不同的访问任务。那些品德高尚、有才能的使者，当然要去访问明君；而那些无才无德的使者，就被派去访问昏君。我这个人最没本事，所以就被派来楚国访问啦。"

楚王这下真不知该说什么好了，他想要羞辱晏子的计划再次泡汤了。

例句

- 今又化王公之德，将见豪杰之士，应时所选，比肩继踵而出。（金·王去非《博州重修庙学碑》）
- 参加这次活动的家长人数众多，大家比肩继踵，场面极其热闹。

成语个性

也写作"比肩接踵"。这个成语除了形容人很多的热闹场面，有时也指人接二连三地出现，连续不断。成语"挥汗成雨"也出自这个故事，指人数众多，或形容天热流汗很多。

门可罗雀
mén kě luó què

汉·司马迁《史记·汲郑列传》："及废，门外可设雀罗。"

释　罗：原指捕鸟的网，这里作动词，指张网捕捉。由于很少有客人前来，门前非常冷清，都可以张开网捕鸟了。形容宾客稀少，门庭冷落。

近义　无人问津

反义　门庭若市　高朋满座　宾客盈门

19 形势和场面 冷清·门可罗雀

古时候当大官的，常常会遇到很多趋炎附势的人。当你在官场上春风得意时，这些人就闹哄哄地围在你身边；但是当你遇到挫折失意时，这些人就"呼啦"一下子，不知跑到哪儿去了，赶紧躲着你。著名史学家司马迁在他所写的《史记》中，就讲过这样一个故事。

汉文帝统治时期，曾重用过一位叫翟公的大臣。翟公官职高、权力大，是国家最大的法官，在当时称为廷尉。于是很多人都想要巴结他，天天往翟公家跑。翟公家门口停满了马车，车辆多到把他家大门都给堵住了。这种盛况持续了很长一段时间。

后来，翟公因为在工作中出了问题，被皇帝免去了官职。这下可好，那些曾经来拜访的人都躲得远远的，翟公家一下子变得安静起来，冷冷清清的。怕人的鸟儿纷纷落到大门口、院子里，这儿走走，那儿看看，门前都可以张开大网，捕捉小鸟了。

不过人生常有时来运转的时候，后来皇帝又给翟公恢复了原来的官职。很快，翟公家又变得热闹起来，那些巴结讨好他的人，又成群结队地赶来了。

先是因为丢了官职被人冷落，现在又因官复原职再次被重视。翟公经历了这样的大起大落，看清了那些虚情假意的人，明白了人际交往中一个很重要的道理。于是他拿起笔，在自家大门上写了几句话：一死一生，乃知交情；一贫一富，乃知交态；一贵一贱，交情乃见。大意是说：把生死置之度外的，那才是真朋友；不去考虑贫穷与富有，那才是对待友谊的正确态度；无视地位的高低贵贱，才能体现出朋友之间的真情。

那些客人们看到了，羞愧得再也不好意思上门了。

例句

- 僮奴婢媪皆散，不半载，门可罗雀矣。（清·纪昀《阅微草堂笔记》）
- 互联网阅读的普及，让很多不懂创新的实体书店变得门可罗雀。

成语个性

这个成语由"门外可设雀罗"演化而来，用来形容人失意时的凄凉处境，用"罗雀"形象地描绘出冷清的程度。现在常用来比喻商家生意惨淡。

车载斗量
chē zài dǒu liáng

晋·陈寿《三国志·吴书·吴主传》南朝宋·裴松之注引《吴书》:"聪明特达者八九十人,如臣之比,车载斗量,不可胜数。"

释 用马车来装,用斗来量。指人或物数量非常多。

近义 不计其数 汗牛充栋 多如牛毛

反义 屈指可数 寥若晨星 凤毛麟角

三国时期,蜀国派出七十多万人攻打东吴。东吴的孙权派才能出众的大臣赵咨去说服魏国,与东吴联合抵抗蜀军。

魏国的曹丕早就听说赵咨是东吴重要的大臣,口才特别好,见到赵咨后,他问:"你就是赵咨啊?你给我说说,你们东吴的大王是什么样的人啊?"

赵咨深深鞠了一躬,说:"我们主公不仅充满智慧,还非常仁慈,他是一位有着远大抱负的君主。"

可曹丕却说:"不对啊,我怎么听说孙权这家伙不学无术啊?"

这话赵咨就不爱听了,他说:"我们主公每天为国家的事情忙碌,即便是这样,他还是会抽出时间来读书。主公管理着东吴那么多人,战船就有上万条,这都需要书本知识作指导。我们主公博览群书,熟知历史,读过大量与治理国家、人际交往、自身修养有关的书。"

听赵咨这么说，曹丕不以为然地笑了笑，问道："你还挺维护孙权。既然你们主公这么能干，那你来找我干什么？我可是听说蜀军都快要打到你们家门口了，孙权是不是怕我去插手，把你们东吴给彻底消灭了？"

赵咨很淡定地回答道："大王啊，东吴地势险要，兵强马壮，我们主公身边还有吕蒙、鲁肃这样的人才，您说我们东吴会害怕吗？主公这次把我派来，就是给您分析一下形势，让您意识到自身的危机。"

这下曹丕对赵咨是彻底心服口服了，他非常欣赏赵咨，于是问："那么像赵大人这样有才能的人，你们东吴究竟有多少呢？"

赵咨说："我在东吴就是个不起眼的大臣。那些有着极高才能的人，我们东吴有八九十人。至于和我才能差不多的人，那就多到需要用马车来装，用斗来量啦。"

曹丕和他的满朝文武都被赵咨的好口才所折服。曹丕最终答应与孙权联合，赵咨也因为他的成功出使，被孙权重重地奖励。事实证明，赵咨说自己是可以车载斗量的人才，真的是他太谦虚啦！

19 形势和场面

众多·车载斗量

成语个性

"载"读 zài，不要误读成 zǎi。

例句

🌰 这不算什么，要是像今天，好墨水，车载斗量，就不再会为一个空瓶子争吵了。（孙犁《白洋淀纪事·吴召儿》）

🌰 这种花在大陆地区很少见，但在那个海岛上却车载斗量，随处可见。

如火如荼

rú huǒ rú tú

春秋·左丘明《国语·吴语》:"万人以为方阵，皆白裳、白旗、素甲、白羽之矰（zēng），望之如荼……左军亦如之，皆赤裳、赤旟（yú）、丹甲、朱羽之矰，望之如火。"

释 荼：茅草、芦苇之类植物的白花。像火焰那样红，像茅草上盛开的花朵那样白。形容军队的阵容整齐而庞大，气势逼人。现在也用来形容气势盛大，或是气氛、情感热烈。

近义 风起云涌 轰轰烈烈 热火朝天　　**反义** 大势已去 日暮途穷 每况愈下

春秋时期，吴国和越国是死对头，他们之间经常打仗。吴国的君主夫差带领着大批人马，先是攻下了越国，接着把鲁国和齐国也给拿下了。这一年，吴王夫差率领大军北上，准备再去会会晋国。

越国君主勾践趁虚而入，派人去攻打吴国位于现在苏州市的国都。苏州哪还有多少守军啊，于是越王很轻松就占领了那里，然后把淮河封锁起来，断了吴军的归路。

吴王夫差听说后，就像霜打的茄子，彻底蔫儿了。吴王担心自己腹背受敌，想要撤兵，可大臣提醒他说，现在不去和晋国会盟就无功而返，根本无法和越王勾践对抗。于是吴王和心腹们一商量，决定还是继续向晋国挺进，等得到其他诸侯国的支持后，再回去跟越王勾践较量。

可毕竟吴国后方军情紧急，不能耽误时间，因此吴国与晋国的对决必须速战速决。怎样才能在短时间内战胜晋军呢？吴王和大臣们商量了半天，终于想了个好办法。这个办法就是用声势浩大的军队阵型，给晋国来个下马威。

吴王挑选出三万名最威风的士兵，把他们平均分成三路队伍，每个队伍都摆成整整齐齐的大方阵。中间的方阵由吴王亲自率领，所有士兵都穿着白色的衣服，外面穿白色盔甲，装饰着白色羽毛，打着白色的旗帜；左边的万人方阵，士兵们穿着红色的衣服，披红色盔甲，装饰着红色羽毛，打着红色的旗帜；右边的万人方阵都穿着

19 形势和场面

声势：如火如荼

出来应战，赶紧派人来和吴国议和，吴王夫差暗暗高兴，就顺水推舟，答应和晋国会盟，并成为了盟主。

黑色的衣服，披黑色盔甲，装饰着黑色的羽毛，打着黑色的旗帜。三色方阵里，士兵们用力敲打着战鼓，大声呐喊，场面壮观，气势惊人。

晋国君主一看，立刻愣住了，不禁感叹道："吴国的军队真是不可小看啊！吴王带领的白色队伍，看上去就像一块盛开着白色花朵的大地；红色的队伍，看上去就像地上燃烧起了熊熊大火一样；黑色的队伍，看上去就像广阔无垠、深不见底的海水。"

晋军被吴国大军彻底吓到了，不敢

🍄 例句

🌰 报纸上的如火如荼的记载唤醒了他的被忘却了的青春。（巴金《家》）

🌰 少年宫组织的科技竞赛活动，正在各所小学里如火如荼地进行。

成语个性

注意不要把"荼"写成"茶"，也不要错读成 chá。这个成语也可以用来形容植物旺盛的生命力。

危在旦夕
wēi zài dàn xī

晋·陈寿《三国志·吴书·太史慈传》："今管亥暴乱,北海被围,孤穷无援,危在旦夕。"

释 旦:清晨。夕:傍晚。旦夕:指很短的时间。形容危险就在眼前。

近义 朝不保夕 危若朝露 岌岌可危　**反义** 高枕无忧 安如磐石 安如泰山

东汉时有位神箭手名叫太史慈,他为人仗义,勇气过人,深受"建安七子"之一孔融的赏识。

你知道孔融是谁吗?对啦,他就是《三字经》中讲到的,四岁就懂得让梨的那个小孩。孔融长大后,因为性格耿直,得罪了东汉的掌权大臣董卓,被派去治理位于现在山东地区的北海国。

也正是在北海,孔融听说了家乡在山东的太史慈。孔融虽然没与太史慈见过面,但对他却怀着敬佩之情,经常派人带着礼物,去关照太史慈留在山东家里的母亲。

东汉末年黄巾军起义后,北海是起义军活动最频繁的地方。没过多久,孔融就被黄巾军的大批人马团团包围了。这时太史慈正好从外地回来,母亲赶紧对他说:"你出门在外的时候啊,北海相国孔融经常派人来问寒问暖。现在孔融遇到了困难,你快去想办法救救他吧。"

太史慈是个非常孝顺的人，他将母亲安顿好后，冒险冲破了黄巾军的包围圈，去与孔融相见。见面后，孔融告诉太史慈，自己想找刘备帮忙，却苦于找不到合适的人去报信。太史慈拍拍胸脯，义无反顾地接受了这个任务。

太史慈背上弓箭，翻身上马，带着一队人马冲出城门口，装模作样地练了会儿射箭，然后转身回了城内。接连三天，太史慈每天都出来练箭，黄巾军就不把他当回事了。于是太史慈趁着黄巾军戒备松懈，迅速突出重围，去找刘备了。

太史慈见到刘备，诚恳地说："我和北海相国孔融非亲非故，只是因为互相欣赏而成为了朋友。现在孔融被黄巾军围困，孤立无援，<u>危险旦夕之间就可能会发生</u>，实在是情况紧急啊！我们早就听说您非常仁慈，求您快去帮帮孔融吧！"

刘备听说孔融竟然知道自己，非常开心，便对太史慈说："放心吧，我马上派兵去增援孔融！"

最后，在刘备的帮助下，太史慈带着三千人的部队回来援救孔融。黄巾军一看来了这么多援兵，吓得赶紧逃跑了。

19 形势和场面

危急·危在旦夕

🌰 例句

🍑 成都危在旦夕，公何不应天顺人，仗义来归？（明·罗贯中《三国演义》）

🍑 战况紧急，这块阵地危在旦夕，我们还是赶紧转移到安全的地方去吧。

朝不谋夕

zhāo bù móu xī

春秋·左丘明《左传·昭公元年》:「吾侪(chái)偷食,朝不谋夕,何其长也!」

19 形势和场面

危急·朝不谋夕

释 早上不能为晚上的事做打算。形容情况紧急或处境窘迫，无法考虑将来的事。

近义 朝不保夕 危在旦夕 岌岌可危　　**反义** 高枕无忧 逢凶化吉 万事大吉

春秋时期，晋国有一位杰出的政治家名叫赵武，他就是历史上有名的"赵氏孤儿"。

赵武年幼的时候，晋国君主晋景公认为他们家要谋反，就召集了晋国的贵族们，把赵氏家族的人都给杀死了，只有赵武得以幸存。后来晋景公经大臣提醒，知道自己做得确实太绝情了，毕竟赵氏家族也曾为国家立下汗马功劳，于是晋景公把年幼的赵武留了下来，还把属于赵氏的封地还给了他。

晋景公去世后，他的儿子晋厉公即位。晋厉公不仅专门为赵武举办了成年礼，还让他进入朝廷任职，赵武也因此得到了不少人的指点，本职工作做得十分出色。

晋悼公即位后，开始让赵武管理国家的军政事务，赵氏家族又兴旺起来。不过，赵氏家族被灭门的经历一直记在赵武心里，这也让他对朝廷里的争斗和尔虞我诈时刻保持着警惕。

有一次，刘国的君主刘定公受周景王指派，带着礼物前去看望赵武。刘定公见到赵武后，把他与当年治理洪水的大禹相提并论，并说希望他能效仿大禹，多为人民造福。刘定公心想，我都这样夸赵武了，他一定会得意得飘飘然起来。没想到赵武很谦虚地说："我现在也就是侥幸获得了生存的机会，每天早上都没法给晚上的事情做谋划，更别说将来能为晋国做多少事情了！"

时刻充满危机感，才能真正保证自己的安全，或许这就是赵氏孤儿在晋国激烈的政治斗争中能够活下来的真正原因吧。

例句

- 库款支绌（chù），朝不谋夕，如何周转得来呢？（清·李宝嘉《文明小史》）
- 爷爷小时候家中非常贫穷，天天过着朝不谋夕的生活。

成语个性

也写作"朝不虑夕"。

危如累卵
wēi rú lěi luǎn

汉·刘向《说苑》:"荀息正颜色,定志意,以棋子置下,加九鸡子其上,左右惧,慑(shè)息,灵公气息不续。公曰:'危哉!危哉!'"

释 累卵:摞起来的蛋。像摞起来的蛋一样随时可能倒塌、破碎,比喻形势非常危险。

近义 岌岌可危 摇摇欲坠

反义 安如磐石 稳如泰山

春秋时期,晋国的晋灵公是个只顾自己享乐,不管百姓死活的国君。他向百姓征收重税,强征百姓为他修建高大华美的宫殿,老百姓们都苦不堪言。虽然有很多正直的大臣向他劝谏,可他根本听不进去。

这天,晋灵公又想要建一座九层高的高台,得耗费一千斤黄金。他知道肯定又会有大臣来劝他,于是早早传下令去:"谁要是敢来劝谏,直接拖出去斩了!"

有一个叫荀(xún)息的大臣听说后,上书请求面见国君。荀息走进朝堂,只见晋灵公已经搭上箭、拉开弓,对准了他,只等荀息开口相劝,便立即放箭。荀息一见这架势,赶忙说:"主公呀,我可不是来劝谏的。我来是想给您表演一个小把戏,我能把十二个棋子摞起来,上面再摞上九个鸡蛋。您想看看吗?"

晋灵公一听,这才放下弓箭,叫人拿来鸡蛋和棋子,对他说:"你摞来给我看看。"

于是,荀息慢慢坐下,缓缓调整气息,让自己平静下来。他先把十二个棋子一个叠一个摞起来,又把一个鸡蛋小心翼翼地放在棋子上,然后上面再摞上一个鸡蛋,就这样一个叠一个,把九个鸡蛋全摞了上去。

周围的人一个个看得胆战心惊,连大气都不敢出,生怕呼出来的一口气把鸡蛋吹倒了。晋灵公更是紧张得气都快喘不上来了,连连说:"哎呀,太危险了!太危险了!"

荀息却平静地说:"这不算危险,还有比这更危险的呢!"

晋灵公吃惊地问:"还有更危险的?我想看看。"

荀息说:"修筑九层高台,得花上三年时间。这三年里,男人没时间耕地,女人没时间织布,百姓交不上税,国库也就空虚了。邻近的国家如果趁这机会来侵略,

19 形势和场面 危险·危如累卵

我们不堪一击，国家转瞬就会灭亡，主公您登上九层高台，还能看到什么呢？"

晋灵公这才明白荀息的用意，他叹息着说："是我糊涂啊，没想到我犯的错会造成这么严重的后果。"于是马上下令停止修建高台。

例句

- 大名危如累卵，破在旦夕，倘或失陷，河北县郡如之奈何？（明·施耐庵《水浒传》）
- 洪水水位已经超过了警戒线，大雨还在不停地下，这座江边的城市危如累卵。

成语个性

累，不要写作"垒"。

鱼游釜中

yú yóu fǔ zhōng

南朝宋·范晔《后汉书·张纲传》："若鱼游釜中，喘息须臾间耳。"

释 釜：古代的一种锅。鱼儿在锅中游来游去。指身处绝境，行将灭亡。

近义 羊落虎口 燕巢于幕　　**反义** 虎口余生 死里逃生

19 形势和场面 / 危险·鱼游釜中

张婴是东汉时期的一位农民起义领袖，他曾经在南方的扬州等地与朝廷对抗了十多年，不少官员都被他杀死了。可是，张婴最后却让一位叫张纲的大臣降服了。这是怎么回事呢？

张纲是个非常正直的官员，他给皇帝写了一封奏折，把大将军梁冀，也就是皇后的哥哥告了一状。这下可不得了，梁冀不但没有被治罪，张纲却被他派到张婴起义的扬州当地方官去了。梁冀原本想着，张纲到了扬州，多半会被张婴杀死。没想到，张纲是个根本不怕死的人。他一到扬州，就带着十来个随从直奔张婴的大营。张婴见张纲只带了这么几个人，觉得很奇怪，但也不敢贸然放他们进来，于是下令紧闭营门，严阵以待。

张纲倒显得很从容镇定。他给张婴写了封信，让人送了进去。张纲在信上说："请相信我的诚意！我可不是来和你们打仗的，我是奉当今皇帝的命令，来慰问并劝你们放下武器的！"张婴仔细瞧了瞧站在营门外的张纲，见他带的人不多，态度确实也很诚恳，于是打开营门，把张纲迎接进去。

见到张婴后，张纲没有摆官架子，而是拉着他分析当前的形势，给张婴讲了许多道理。张婴听完这些话后，忍不住大哭起来，边哭边对张纲说："您以为我们想冒着生命危险聚众闹事吗？实在是被这些地方官欺负得忍无可忍啊。我其实知道，我们就像是在锅里游着的鱼儿，虽然现在还活着，但过不了多久就会被煮熟了。等朝廷大军前来镇压，我们哪还有活路！只是，恐怕我们现在就算是投降，朝廷也不会饶了我们吧。"

张纲明白了张婴的顾虑，就向他进一步解释了皇帝的招安政策。张婴终于被张纲说得动摇了，于是决定投降。

这之后，张婴遣散了自己的队伍，在张纲帮他置办的住所里好好过起了日子。张纲也因为平息了叛乱，受到当地老百姓的爱戴。

例句

🟤 姜尚进山，似鱼游釜中，肉在几上。（明·许仲琳《封神演义》）

🟤 你现在处境危险，根本就是鱼游釜中，可你还不自知，实在是太愚昧了！

人人自危

rén rén zì wēi

汉·司马迁《史记·季布栾布列传》："今陛下一征兵于梁，彭王病不行，而陛下疑以为反，反形未见，以苛小案诛灭之，臣恐功臣人人自危也。"

释 每个人都感到自己处境危险。形容局势或气氛十分紧张。

近义 人心惶惶 胆战心惊 提心吊胆　　**反义** 安居乐业 天下太平 高枕无忧

当年汉高祖刘邦起兵反秦时，有位叫彭越的地方豪杰率领部下投奔了刘邦，为他夺取天下立下了大功。

可是后来，刘邦在讨伐反叛部队的时候，彭越虽然派人前去增援了，但自己没有露面。于是刘邦把彭越抓起来流放到了四川。彭越在路上遇到了刘邦的妻子吕后，他哭着在吕后那里告了刘邦一状。这让刘邦很生气，便把彭越和他全家都给杀了，还把彭越的头挂在城门上示众。刘邦气呼呼地宣称："谁敢来给彭越收尸，我就把谁抓起来。"

结果有个叫栾（luán）布的人还真不怕死，他跑到城门口，跪在地上对着彭越的头祭奠起来。栾布是彭越的部下，他对彭越的深情厚谊无人能比。栾布和彭越从小就是非常要好的朋友，后来栾布投奔了燕王臧（zāng）荼，臧荼被刘邦打败后，栾布被抓了，正是彭越从刘邦那儿把栾布给保了下来，还给了栾布一份工作。所以彭越死后，栾布就想，如果当年没有彭越，自己恐怕早就被刘邦杀了。为了报恩，他无论如何也要冒死前去给彭越收尸。

不过刘邦可不是好惹的。况且现在刘邦已经是皇帝了，他说的话，栾布竟然敢不听！刘邦马上就让人把栾布抓起来，准备扔到锅里煮了。

眼看锅支起来了，火也生好了，栾布很不甘心地对刘邦大喊道："临死前，我还想再说最后一句话！"刘邦不耐烦地说："快说！"

于是栾布说道："皇上您之所以能打败项羽，彭越出了很大的力，可现在您不信任彭越，因为芝麻大点儿的事情就把他全家都给杀了。这恐怕会让那些帮助过您的功臣人人都感到自己的处境危险啊。"

刘邦听栾布这么一说，马上就意识到，如果那些有功的大臣人人自危，搞不好会联合起来谋反。这一直都是刘邦最害怕的事。于是刘邦为了笼络群臣，就赦免了栾布，还给了他一个都尉的官做。

19 形势和场面 / 危险·人人自危

🌰 例句

🌰 若斩此人，恐降者人人自危。（明·罗贯中《三国演义》）

🌰 洪水眼看就要扑向村庄了，村民们都明白，与其人人自危，不如团结起来抗击洪灾。

57

高屋建瓴
gāo wū jiàn líng

汉·司马迁《史记·高祖本纪》："(秦中)地势便利，其以下兵于诸侯，譬(pì)犹居高屋之上建瓴水也。"

释 建：倒出。瓴：水瓶。从高高的屋顶上往下倒瓶子里的水。形容居高临下、不可阻挡的形势。也指能把握全局，轻松驾驭。

近义 居高临下 下坂走丸　　**反义** 蚍蜉撼树 螳臂当车

在楚汉战争中，韩信帮助刘邦把项羽的势力消灭了，刘邦这才如愿以偿地建立

了汉朝，当上了皇帝，历史上称为汉高祖。韩信也成了刘邦的开国功臣。

可刘邦这皇位坐得并不安稳，他总担心韩信会谋反。虽然之前韩信打败项羽后，刘邦就赶紧把他的兵权收了，还将他由齐王改封为楚王。可刘邦依旧感到不踏实，总觉得韩信像个定时炸弹，搞不好什么时候就会威胁到自己的统治。所以刘邦每天都忧心忡忡的。

就在这时，有人向刘邦举报韩信谋反，这下刘邦可找到了解除顾虑的好机会。于是，他采纳大臣陈平的建议，通知各路诸侯说："朕要到云梦泽这个地方视察，你们都去那里和我见面吧。"

韩信为了表示忠诚，提着项羽手下逃亡将领钟离眛的头前去拜见刘邦。他原本以为，刘邦念在多年的情分上，不会对自己怎么样。可谁知刘邦一见到韩信，就声称韩信想要谋反，让人把他五花大绑了起来。

当地一位叫田肯的文人前来祝贺，他对刘邦说："恭喜皇上啊，您把韩信控制住了，这皇位算是真正坐稳当了。您现在占据着关中这块风水宝地，这里的地形非常适合您对各路诸侯加强控制。如果您想要对诸侯用兵，从关中出发，就像从高高的屋顶上把瓶子里的水倒下去那么容易。"

虽然田肯这番话听上去像是在拍刘邦的马屁，但其实还有另外一层含义。

他见刘邦表情淡定，似乎并没有生气，于是继续说："像关中一样，齐国也是战略要地，如果不是您最信赖的人，谁又能当齐王呢？"

这下刘邦听出田肯的话外之音了。当年平定关中和齐国的，不正是大功臣韩信吗？他要是想造反，早就反了，哪里还需要等到现在。田肯虽然表面上在给刘邦贺喜，实际上是想替韩信说句公道话呀。

于是，刘邦便没有对韩信治罪，只是把他楚王的爵位给削了，贬成了淮阴侯，并且让他留在都城长安，夺了他的实权。刘邦却因为高屋建瓴，稳稳当当地坐在皇帝宝座上，治理着他的大汉王朝。

例句

🍫 谓画江以东，不足以究中流击楫之志；而分陕以西，粗可以成高屋建瓴之形。(宋·李曾伯《代通兴元丁帅》)

🍫 领导高屋建瓴地指出了问题所在，对于我们深入开展工作有着积极的指导作用。

成语个性
注意"瓴"不要写成"岭"或"领"。

形势和场面 / 顺利·高屋建瓴

下坂走丸
xià bǎn zǒu wán

汉·荀悦《汉纪·高祖纪》:"君计莫若以黄屋朱轮以迎范阳令,使驰骛（wù）乎燕赵之郊,则边城皆喜,相率而降,此犹以下坂而走丸也。"

释：坂：山坡,斜坡。丸：泥丸,弹丸。从斜坡上往下滚弹丸。比喻非常迅捷,毫无阻碍。

近义：突飞猛进 一日千里

反义：难以为继 戛然而止

秦汉时期,韩信手下有个叫蒯（kuǎi）通的谋士实在是太能说会道了,他最初的华丽亮相,是在陈胜吴广大泽乡起义之后。

当时,陈胜派大将军武臣攻下了赵国,这让附近的秦朝官员都害怕得要命。家住范阳的蒯通跑到县令徐公那里说:"大人您好,我叫蒯通,是咱们范阳人。首先我要悼念您,因为您离死亡不远了。不过我又要给您贺喜,因为有了我蒯通,您就死不了了。"

范阳县令一听,吓得赶紧问:"先生,请问您为什么说我将要死去呢?"

蒯通叹了口气说:"唉,您在范阳当了这么多年官,残害了多少老百姓啊。多少父亲被您杀害,让多少儿子孤苦无依,有的人被您砍了脚,有的人脸上被您刺了字。秦朝的法律太可怕了,所以之前他们不敢报仇。可现在就不一样了,到处都在打仗,谁还去听秦朝的命令。所以我担心啊,这些曾经被您害过的人会来复仇,那您可就性命难保了。"

徐公吓得脸色苍白,又问:"那您还说要向我贺喜?"

蒯通得意地笑了笑,说:"现在武臣占领了赵国,他很看得起我,请我去给他分析形势。见到武臣后,我想对他说,'我倒有个好主意,能让您不用动兵,就可以取胜。'武臣一定会问是什么好主意,我就会说,'胆小爱财的范阳县令会第一个向您投降,如果您不奖励他,而是把他杀了,那么其他地方就会联合起来共同抵抗您。与其这样,您不如准备好黄盖朱轮的豪华马车,去把范阳县令接过来,一路上让他好好显摆显摆。这样人们就会认为,先投降的范阳县令获得了很多好处,于是他们也会相继前来向您投降,这就如同从山坡上往下滚泥丸那么轻松顺畅啦。'"

徐公听蒯通说得头头是道,赶紧准备好车马,把蒯通送到了武臣那里。

蒯通把他的招降建议向武臣一说,武臣立刻就采纳了。他准备了豪华马车一百辆、骑兵二百多人,浩浩荡荡地把徐公接来了。其他地方的秦朝官员一看,果然都纷纷向武臣投降了。

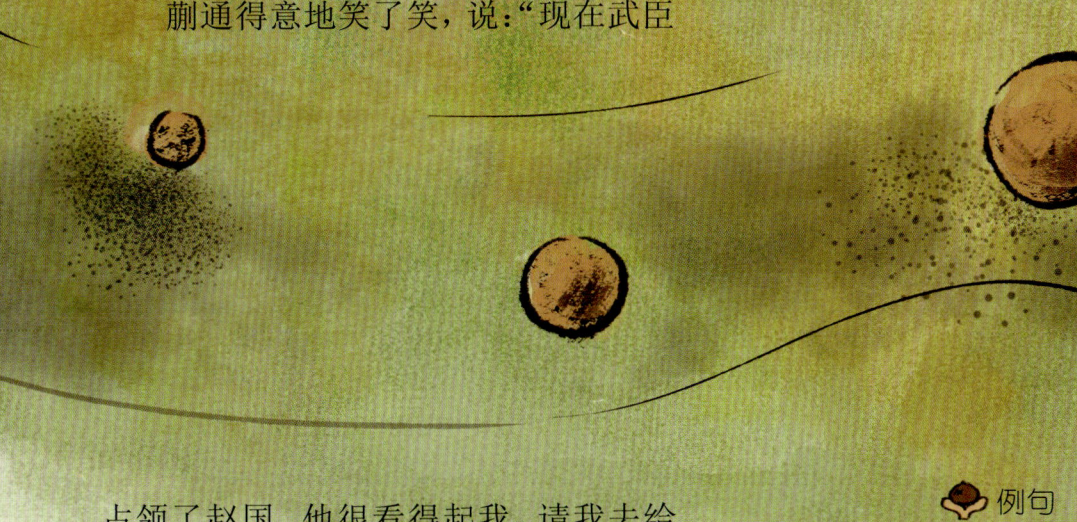

19 形势和场面 / 顺利·下坂走丸

例句

- 张九龄善谈论,每与宾客议论经旨,滔滔不竭,如下坂走丸也,时人服其俊辩。(五代后周·王仁裕《开元天宝遗事·走丸之辩》)
- 将所有准备工作做好,接下来,这件事就如同下坂走丸一样,最终会水到渠成。

摧枯拉朽

cuī kū lā xiǔ

汉·班固《汉书·异姓诸侯王表序》："镌（juān）金石者难为功，摧枯朽者易为力，其势然也。"

释 摧毁干枯的茅草，拉断腐朽的木头。比喻轻而易举地摧毁腐朽、虚弱的势力。

近义 势如破竹 风卷残云

反义 艰苦卓绝

司马睿建立东晋时，王氏家族的王导及其堂兄王敦出了很大的力。司马睿当上了皇帝，王导和王敦也因为是开国功臣，被加官进爵。王导帮司马睿处理行政事务，王敦则掌握着东晋的军事大权，他们一文一武，配合得相当默契。

眼看王家的权力越来越大，司马睿就有点担心了，于是他开始培植自己的亲信，用来制约王氏家族。王敦是个大将军，喜欢用武力解决问题，他一看司马睿要翻脸不认人，干脆决定带兵发动叛乱。

王敦出兵前，向大将军甘卓抛出

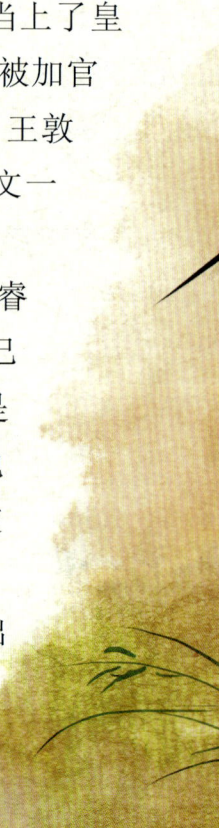

了橄榄枝，希望甘卓能够与他合作。甘卓很犹豫，虽然当时答应了下来，可是等王敦要出发时，他又反悔了，还派人来劝王敦打消谋反的念头。王敦很不以为然地让人传话给甘卓说："您不要有太多顾虑，我这是去帮皇帝铲除他身边那些坏人。甘将军要是支持我，等我把这件事情干成了，一定亏待不了您！"

湘州刺史听说这件事后，赶紧派自己的部下邓骞去劝甘卓不要跟着反叛，而是应该率领军队去攻打王敦。一边是王敦给出的利益诱惑，一边是来自于朝廷同僚的压力，这让甘卓左右为难。部下劝甘卓干脆按兵不动，观察一下事态的发展，等到王敦和司马睿哪一方明显占据了上风的时候，再决定站在哪个阵营里。

邓骞毫不留情地说："甘将军如果想两边兼顾，弄不好会翻船的。况且王敦其实没有多少兵力，他在大本营武昌驻扎的军队人数就更少了，估计连五千人都不到。甘将军手中的兵马远远超过他，如果现在向武昌用兵，就像扯掉枯萎的茅草，拉断腐朽的木头一样，根本不用费什么力气，就可以大获全胜。"

可惜的是，尽管邓骞苦口婆心地劝告，甘卓还是下不了决心。等到后来甘卓终于决定起兵讨伐王敦时，却已经错过了最好的时机，最后被王敦杀害了。

形势和场面 顺利·摧枯拉朽

例句

● 当红油墨印的快报，传遍每一道战壕，传给每一个战士，它变成了摧枯拉朽的物质力量。（刘白羽《第二个太阳》）

● 比赛即将结束时，他们以摧枯拉朽之势，轻而易举地战胜了对手。

成语个性

这个成语主要用来强调清理起残余势力来轻而易举，不费多少力气，多用于军事，有时也用来形容比赛。意义与其相近的成语"势如破竹"，则更强调取得胜利的速度很快。本成语故事出自唐代房玄龄的《晋书·甘卓传》。

千变万化
qiān biàn wàn huà

战国·列御寇《列子·汤问》："巧夫锁（qīn）其颐（yí），则歌合律；捧其手，则舞应节。千变万化，惟意所适。"

释 有成千上万种变化。形容变化极多，无穷无尽。

近义 瞬息万变　变幻莫测　变化多端

反义 一成不变　千篇一律　如出一辙

西周时期的天子周穆王很喜欢巡游，关于他巡游途中的种种见闻，有很多都被传得神乎其神。

传说有一次，周穆王在去西部巡游后返回中原的途中，遇到一个要向天子献艺的手艺人。这人名叫偃（yǎn）师，据说他的作品都能变成活的。周穆王一听，就对偃师说："那就把你最得意的作品拿来给我看看吧。"

第二天，偃师带了一个人来见周穆王。周穆王问："和你一起来的是什么人啊？"没想到偃师说："大王，这是我制作出的人。它能唱出好听的歌，能跳起优美的舞蹈。"

这可把周穆王惊呆了，他又仔细瞧了瞧那个人，它能动、能走，怎么看都是个真人啊。周穆王非常好奇，急忙说："那你就让它展示给我看看吧。"

只见偃师摇了摇那人的头，那人就真的唱起了歌，歌声美妙动听；偃师又捧起那人的手，那人就真的跳起了舞，舞蹈合乎节奏。它的表演变化多样，简直有千万种那么多，偃师想让它干什么，它就能干什么。

周穆王看得目不转睛，他觉得这肯定是个真人，于是把妃子、侍女们都给叫来了，想让大家一起来辨别一下。那人看来了这么多美女，表演得更加起劲了。在表演快结束时，它竟然还轻佻地眨了眨眼睛，朝周穆王的爱妃们招了招手。周穆王气得满脸通红，认定偃师就是拿了个真人来糊弄自己，于是下令把偃师拖出去杀掉。

偃师吓得脸色苍白，连忙喊道："大王饶命，这确实不是真人，我马上证明给您看！"说着，偃师就把那人给拆开了。

周穆王一看，顿时消了气。原来，那人是用木头、动物毛皮、胶水、油漆、颜料等材料制成的，里面的心、肝、胆等内脏器官，外面的骨骼、肌肉、皮肤、牙齿、头发等，全都是用这些做的。虽然都是假的，但真人有的它样样都有。组装起来之后，它就又像真人一样了。周穆王试着拿走它的心，它就不会说话了；拿走它的肝，它的眼睛就看不见了；拿走它的肾，它就不会走路了。

这下，周穆王终于对偃师心服口服了，于是让他坐上随行的豪华马车，跟着自己一起回中原去了。

例句

● 独有一丈夫，儒服而立乎公门。公即召而问以国事，千变万化而不穷。（战国·庄周《庄子·田子方》）

● 天空中绽放的烟花千变万化，游人们的目光都被吸引住了。

成语个性

这个成语强调变化的数量很多。多用于形容景物，有时也用来指难以把握的事情和局势。

20 变化和恒定

变化·千变万化

沧(cāng)海(hǎi)桑(sāng)田(tián)

晋·葛洪《神仙传·王远》：「麻姑自说云：『接待以来，已见东海三为桑田。』」

释 沧海：广阔无垠的大海。桑田：种有桑树的农田。大海变成桑田，桑田又变为大海。形容世事变化很大。

近义 华屋山丘 东海扬尘 翻天覆地 **反义** 一成不变 依然如故 原封不动

这是一个充满玄幻色彩的神话传说。

东汉末年，相传有一位叫王远的神仙，来老朋友蔡经家喝酒吃饭。王远人还没到，只听得箫管鼓乐之声越来越近，蔡经一家都非常吃惊，不知道这声音是从哪儿传来的。

转眼间，王远已经出现在大家面前。只见他头上戴着君王戴的冠，身穿大红色的官服，腰系虎头形状皮带扣的皮带，皮带上用五色绶带挂着佩剑，像个威风凛凛的大将军一样。王远坐着由五条颜色各异的龙拉的豪华大车，车前车后是打着旗帜的侍从，鼓乐手们都骑着麒麟。原来这一行人并不是从大路上走来的，而是从天上下来的。

到了蔡经家的院子里，王远周围的人便都消失了。王远和蔡经打过招呼后，开始等约好的另一位神仙，这位神仙叫麻姑。

可是大家左等右等，就是不见麻姑到来。王远挥挥手，召来空中一位使者，让他去问问。使者回来说："麻姑说，与您分别已经五百年，一直没有机会重逢。她现在在蓬莱岛，正在那里巡视，只好请先生再多等等了。"王远并不生气，只是笑着捋了捋胡子，继续等待。

过了一会儿，麻姑果然来了。她长得非常漂亮，看上去像是十八九岁的姑娘，长长的头发垂在腰间，像黑色的瀑布一样。麻姑的衣服就更漂亮了，不仅有精致的图案，还闪烁着五颜六色的光芒。

麻姑和王远、蔡经客套了一番之后，这场盛大的宴会终于开始了。席间，麻姑告诉大家一件更稀奇的事情。麻姑说："我自从当了神仙，接受天帝任命以来，曾经三次见到东海的海水枯竭，变成可以耕种的田地。就在刚才，我去蓬莱巡视，发现东海的海水又变浅了，我想会不会是它又要变成良田了呢？"

王远听到麻姑沧海桑田的说法并不吃惊："我也听圣人们说，海水快要变干，海底又将要扬起尘土了。"

宴会结束后，王远和麻姑礼貌地向蔡经一家道谢并告别后，带着随行人员回到天上去了。

20 变化和恒定 / 变化·沧海桑田

例句

- 沧海桑田，谓世事之多变。（明·程登吉《幼学琼林》）
- 我们的友谊，即便是历经沧海桑田，也永远都不会改变。

成语个性

也写作"桑田沧海"。沧，不要写成"苍"。

朝三暮四
zhāo sān mù sì

战国·庄周《庄子·齐物论》:"狙(jū)公赋芧(xù),曰:'朝三而暮四。'众狙皆怒。"

释 原指用名义上改变而实际上并不改变的手法骗人。后用来指人不专注,变化不定,反复无常。

近义 朝秦暮楚 喜新厌旧 见异思迁　　**反义** 矢志不移 一如既往 海枯石烂

相传战国时期,宋国有位老人非常喜欢猴子,在家里养了一大群猴子。

老人养猴子的时间长了,又是真心真意地付出,所以和猴子之间建立了默契。老人总是能够明白猴子的意思;猴子呢,也非常了解老人的心思,后来都能听懂老人说的话了。这样老人就更喜欢这群猴子了,甚至把家里人吃的口粮都拿来喂猴子。

后来,家里的食物不够了,这可怎么办呢?老人只好减少喂猴子的食物。这群猴子聪明得要命,老人怕直接减少食物,它们会联合起来闹事,不听他的话了,于是想出了一个忽悠猴子的办法。

老人先对猴子们说:"你们不是天天早上要吃一顿饭,晚上要吃一顿饭吗?那我早上给你们三颗橡子,晚上给四颗,怎么样啊?"

猴子们一听就急了。什么?早上才给咱们三颗橡子?也太少了吧。猴子们想到自己早饭都吃不饱,就很不乐意地到处乱跳,表示抗议。

老人看到猴子们都不干,就摆摆手说:"别急,你们别急嘛!这件事情我们还可以商量。既然你们不同意朝三暮四的安排,那我们朝四暮三怎么样?也就是说,我早上给你们四颗橡子吃,晚上再给你们三颗,这样你们不就能吃饱了吗?"

这下猴子们不生气了。它们想,早上能吃到四颗橡子,比原来多了一颗,这真是太好了!于是猴子们都高高兴兴地玩耍去了。

20 变化和恒定

变化·朝三暮四

成语个性

也写作"朝四暮三",这个成语原本指用欺骗手段哄人,现在最初的含义已经很少用了。

🌰 例句

🍃 朝三暮四,昨非今是,痴儿不解荣枯事。(元·乔梦符《山坡羊·冬日写怀》)

🍃 你一会儿想学这个,一会儿想学那个,再这样朝三暮四下去,到最后什么都学不成。

反客为主
fǎn kè wéi zhǔ

明·罗贯中《三国演义》："可激劝士卒，拔寨前进，步步为营，诱渊来战而擒之，此乃反客为主之法。"

释 客人反过来成为主人。多比喻摆脱被动局面，占据主动权。

近义 鸠占鹊巢 喧宾夺主　　**反义** 授人以柄 倒持泰阿

三国时期，曹操手下有员猛将叫夏侯渊，他尽心尽力帮曹操守着汉中这块宝地。刘备非常清楚汉中的重要性，就开始加紧对汉中用兵。刘备手下的大将黄忠派出了将军陈式，与夏侯渊派出的夏侯尚打了起来。夏侯尚这人很狡猾，他假装逃跑，把陈式引到了埋伏圈里，夏侯渊让士兵从山上滚下木头，把陈式砸伤了，就这么活捉了陈式。

黄忠见自己损失了一员猛将，非常着急，再加上曹操的四十万援军已经在路上了，如果不尽快解决了夏侯渊，后面的仗就更难打了。于是黄忠赶紧找来部下开会，有位叫法正的谋士，给他出了个反客为主的好点子。

法正说："咱们要从客人变成主人，从被动变主动。也就是说，咱们的部队不要发起突袭，只要稳稳地向汉中开进，一步一步靠近夏侯渊。夏侯渊是个急脾气，必定沉不住气。到时候，勇敢但没脑子的夏侯渊肯定会

主动进攻，我们就可以把他抓住了。"

黄忠皱着眉头仔细想了想，然后点点头说："你这个办法似乎可行。"于是他按照法正说的，让军队每往前推进一段就扎下营寨防守，稳步向前。夏侯渊一看就急了，也不等援军了，就让夏侯尚率军出击。

有了上次陈式失利的教训，黄忠这次亲自迎战。没打两下，黄忠就把夏侯尚活捉了。这下夏侯渊更加着急了，他干脆自己带兵，把黄忠他们里三层外三层地包围了起来。气急败坏的夏侯渊站在队伍前面，扯开嗓门大声骂着黄忠。可黄忠根本不理他，无论夏侯渊怎么辱骂，黄忠都按兵不动。

没过多久，夏侯渊和他的部队就折腾累了，全军士气低落，战士们纷纷下马休息。黄忠抓住机会，鸣起战鼓，吹响号角，朝夏侯渊发起猛攻。夏侯渊还没反应过来是怎么回事呢，突然冲过来的黄忠挥起手中的大刀，就把他给杀死了。这下曹操可真是损失惨重啊！

成语个性

"反客为主"也是兵法"三十六计"中的一计。成语"步步为营"也出自这个故事，指军队每向前推进一步就设立一个营垒，用来形容防守严密，行动谨慎。

20 变化和恒定 · 逆转 · 反客为主

例句

- 他反客为主地用手一摆让道静坐下，道静没坐，他自己欠欠身，先坐下了。（杨沫《青春之歌》）
- 你家客厅太乱了，我实在看不下去，就反客为主，帮你收拾好啦。

71

乐极生悲
lè jí shēng bēi

汉·刘安《淮南子·道应训》："夫物盛而衰，乐极则悲，日中而移，月盈而亏。"

释 极：极限，顶点。快乐到了极点，转而发生令人悲伤难过的事情。

近义 物极必反　泰极而否(pǐ)　物盈则亏

反义 否(pǐ)极泰来　苦尽甘来　时来运转

春秋时期，大教育家孔子非常喜欢带着学生到处游览，有时还会现场教学。

有一次，孔子在鲁国君主鲁桓公的庙里看到一个歪斜着的陶罐，就问负责管理庙宇的人："这东西是什么器具呢？"

那人答道："这个啊，叫宥卮(yòu zhī)，是为国君赦免的人准备的，能对他们起到警示的作用。"

孔子马上想起来，他以前还真听说过这种器具，就说："哦，对了，这种陶罐如果什么都不装，就会歪斜着；给它倒入刚好一半的水，陶罐就会立起来；如果水装满了，陶罐反而会彻底翻个儿，里面的水就全洒出来了。"

为了加深学生们的记忆，孔子对一位学生说："你去弄点水来，亲手试试看。"那学生立刻跑去提来一些水，灌进陶罐里。还真让孔子说对了！学生往罐子里倒了大约一半的水，那罐子立得稳稳当当的。可是当学生继续往里面倒水时，罐子就开始倾斜，水满了，罐子也彻底翻了。等里面的水全部洒出来之后，陶罐又恢复成了原来倾斜的样子。

20 变化和恒定 / 逆转·乐极生悲

孔子很感叹地对学生们说："其实，做人也是一样的道理啊，太满了，就像这罐子一样，必定会翻倒。就像事物发展到了兴盛的顶点，就会转向衰败；快乐到了极点，就会生出悲伤；太阳过了中午最高的时候，就会往西坠落；月亮圆了之后，就会一天天变得残缺。所以聪明睿智的人，有时要显得愚昧；见多识广口才好的人，有时要显得孤陋寡闻；勇武有力的人，有时要显得胆小怯懦；富有的人，一定要朴素节俭；广施恩德于天下的人，也要懂得谦逊退让啊。"

学生们听了老师的话，都陷入了深深的思索之中。

例句

- 不知为什么，在这么快乐的调子里边，大家都有点伤心，也许是乐极生悲了。（萧红《小城三月》）
- 伯父因为中了彩票，请全家人吃饭，没想到乐极生悲，竟然把彩票和钱包都丢了。

成语个性

也写作"乐极悲生"。这个故事也叫"欹（qī）器满覆"，"欹器"就是指歪斜的器具。

革故鼎新
gé gù dǐng xīn

《周易·杂卦》:"革,去故也;鼎,取新也。"

释 革:变革,除去。故:原有的,破旧的。鼎:创立,建造。去除掉陈旧的事物,建立新的事物或制度。多指改朝换代或重大变革。

近义 吐故纳新 推陈出新 标新立异　　**反义** 抱残守缺 因循守旧 墨守成规

　　唐朝时,热爱艺术的皇帝唐玄宗非常宠爱一位叫黄幡(fān)绰的宫廷乐师。黄幡绰不仅能弹会唱会演戏,说话还很机智风趣。后来安禄山发动叛乱,把黄幡绰抓了起来,留在身边给自己表演节目解闷。

　　有一次,安禄山梦见自己的衣袖变得很长很长,长得一直拖到了台阶底下。安禄山觉得这梦太奇怪了,就问身边的黄幡绰:"我这梦是什么意思啊?"

黄幡绰赶紧说:"恭喜您!您的衣服袖子都垂下来了,这不就意味着您要垂着双手治理天下吗?"安禄山一听,看来自己马上就要当皇帝了,真是太高兴了。

后来,安禄山又梦到宫殿里的隔扇倒了下来,又让黄幡绰来解梦。黄幡绰想了想说:"这不就意味着旧的东西被毁灭了,新的东西要兴起了吗?"

虽然黄幡绰说这些话都是在故意恭维安禄山,但偏偏安禄山就是很喜欢听,黄幡绰也因此没有被杀害。等到唐玄宗的军队把安禄山打败了,他又重新回到了皇帝身边。

这时,有人对唐玄宗说:"黄幡绰太没良心了,您对他那么好,可他被安禄山抓去后,经常拍安禄山的马屁,甚至还声称,安禄山会当皇帝!"

唐玄宗就把黄幡绰叫到跟前,让他好好解释一下。黄幡绰慌忙跪下说:"陛下呀,我当时被安禄山抓了,为了保全自己的性命,日后还能够见到您,就只好说那些话骗他了。但我知道,安禄山让我解的那些梦,其实都是噩梦呀。"

唐玄宗好奇地问:"哦?那你说说,安禄山的梦都是什么含义呢?"

黄幡绰说:"在梦里,安禄山的衣袖变得那么长,不就说明他的手拿不出来,无法出手和陛下争天下吗?安禄山梦见大殿里的隔扇倒了,这明摆着就是他什么好处也捞不着啊!其实我早就知道,安禄山是必定要被陛下消灭的!"

唐玄宗对黄幡绰的机智巧辩心服口服,哈哈大笑起来,黄幡绰也因此没有被皇帝治罪。

例句

● 毋犯雷霆,当效革故鼎新之意。(明·施耐庵《水浒传》)

● 我们就是要有革故鼎新的精神,积极开拓进取。

成语个性

本成语故事出自唐代李德裕的《次柳氏旧闻》。

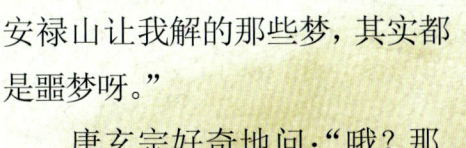

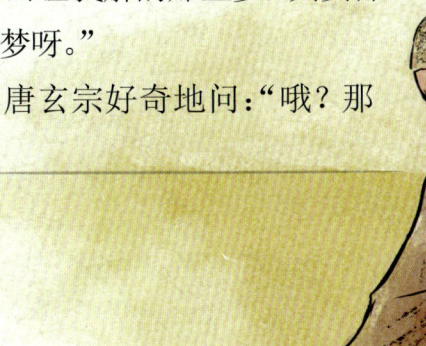

画地为牢 huà dì wéi láo

汉·司马迁《报任少卿书》："故士有画地为牢，势不可入，削木为吏，议不可对，定计于鲜也。"

释 牢：监牢。在地上画一个圆圈，作为关押囚犯的监牢。比喻局限在狭小的范围内活动。

近义 作茧自缚 故步自封

反义 豪放不羁 桀骜不驯

司马迁是西汉时期著名的历史学家。不过你知道吗？司马迁因为一场人生变故，差点儿没能完成《史记》这部历史巨著，这又是怎么回事呢？

当时，西汉飞将军李广的孙子李陵与匈奴作战时打了败仗，最后投降了。汉武帝知道后，肺都气炸了。许多大臣趁机在皇帝面前把李陵骂得一无是处，这让正直的司马迁很看不惯。于是，他勇敢地站出来，替李陵求情。

司马迁说："我和李陵平时没打过交道，但我很敬佩他。李陵为了保卫国家，不惜牺牲自己。这次他败给了匈奴，实在是因为手下的兵力太少。要知道，匈奴王为了打败坚持作战的李陵，可是把全国的兵力都发动起来了！要不是箭支用完了，粮食吃光了，连逃跑的路都给堵死了，还有那么多部下死的死、伤的伤，李陵是不会投降的！我想现在的李陵，也依旧在寻找机会抵抗匈奴。再说了，李陵以前打了那么多胜仗，也足够将功补过啦。"

司马迁的话说得很有道理，可汉武帝正在气头上，听他这么说就更生气了。汉武帝干脆把司马迁关进了监狱，后来又判了他"宫刑"，也就是阉割之刑，让司马迁备受屈辱。

监狱里的司马迁，身体和心灵都伤痕累累。绝望之下，他想一死了之。司马迁想了很多，他想到森林里的老虎，在野外的时候，所有的动物都怕它，可要是掉进陷阱，或者被关进笼子里，老虎就只能可怜地摇着尾巴，向人们乞求一口食物。所以古代那些有志气的读书人，看到地上画了一个圈，象征着监牢，他们宁可死也不愿意往里面进。现在，司马迁偏偏就跳进了这个圈子里。

可是司马迁又想到，在中国历史上，像周文王、秦朝的丞相李斯、刘邦的大将军韩信，不都受过屈辱吗？然而他们都承受住了屈辱，最后成就了一番伟业。司马迁下定决心，要向这些坚强的人学习，好好活下去，把自己还没有完成的《史记》写完。

命运也确实是公平的，备受屈辱的司马迁最终因为《史记》这部著作，名留青史。

例句

● 牛蒡画地为牢不离乡土，这可给县委出了个难题。（刘绍棠《村妇》）

● 按照目前的思路行动，如同画地为牢，我们必须做些改变，才会有新突破。

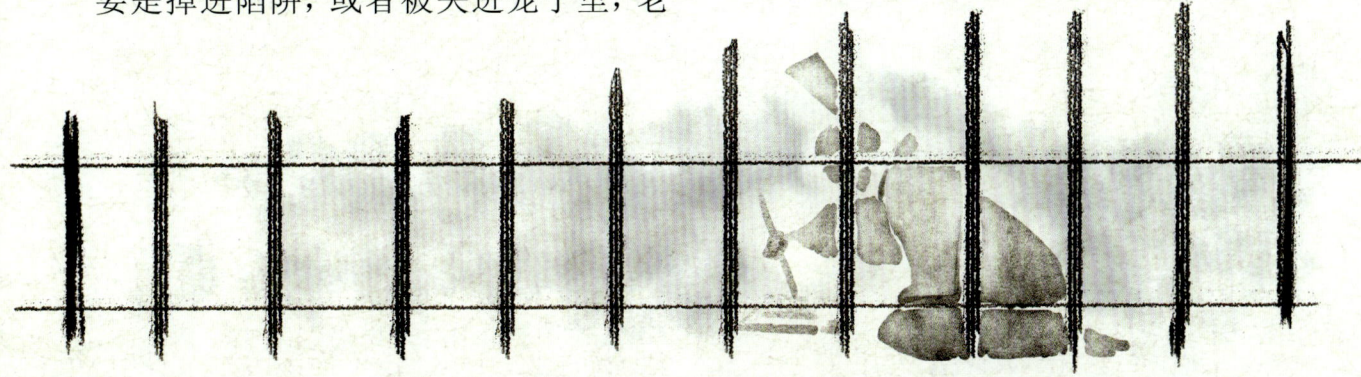

成语个性

据说很久很久以前，法律宽泛，如果有人犯了法，只需要在地上画个圆圈，让这人待在圈里不允许他出来即可。相传当年周文王扣押砍柴人武吉，就是这样做的。这个圆圈，后来慢慢演变成了关押犯人的监牢。

20 变化和恒定 / 刻板·画地为牢

胶柱鼓瑟
jiāo zhù gǔ sè

汉·司马迁《史记·廉颇蔺相如列传》:"王以名使括,若胶柱而鼓瑟耳。"

释 柱:琴瑟上用于调弦的小木柱。弹奏瑟时,将调音的木柱粘住,就无法调节音的高低,变换音调了。比喻拘泥固执,不知变通。

近义 刻舟求剑 按图索骥 一成不变　　**反义** 标新立异 随机应变 不落窠臼

战国时期,赵国大将军廉颇在长平与秦军苦战,秦军接连几次打败了赵军。廉颇见秦军势头正盛,便改变策略,率领士兵退回营地坚守,不管秦军如何挑战,就是不出来迎战。

秦王特别狡猾,派人散布谣言说:"秦军所向披靡,现在的赵国啊,谁都不能把秦军怎么样。秦军唯一怕的就是赵国让赵奢的儿子赵括当将军,这样秦军肯定会吃败仗啦!"

赵奢是谁呢?他是赵国当年威震一方的大将军,特别善于带兵打仗,曾在战场上把秦军打得落花流水,只可惜已经去世了。赵国有不少人认为,赵括是赵奢的儿子,父亲那么厉害,儿子也不会差到哪儿去。况且赵括熟读兵书,对于兵法理论非常精通。最糟糕的是,赵王也这么认为。他相信了那句谣言,于是打算罢免廉颇,把赵括派去当将军。

这可急坏了正生着重病的赵国丞相蔺相如。蔺相如是个聪明人,他知道赵括只精通军事理论,却没有真正上战场打过仗,缺乏实战经验。廉颇就不同啦,他身经百战,经验丰富。蔺相如相信,只要按照廉颇的战略部署,坚持防守,过不了多久,秦军就有可能被赵国打败。可如果换成只会纸上谈兵的赵括带兵,后果就不堪设想了。

意识到事态严重性的蔺相如也顾不上自己的身体了，带着病前去劝说赵王，他说："大王啊，您仅仅是因为赵括名气大，就派他去带兵打仗，这就像是乐师把琴瑟上的弦柱用胶水粘住后去弹奏一样，这琴就只能弹出一个曲调，想要做些变化便不可能了。赵括只会读兵书，把他父亲用过的兵法都记牢了，但他不知道该如何把兵法用于实战，这很危险啊！"

然而，赵王已经不相信廉颇，坚持要派出赵括。最后，赵军因为主将赵括指挥不力，被秦军打败，四十万赵军被秦军活埋。赵国经过这一战之后，元气大伤，国力大减。

例句

- 你曹叔喜欢古诗古词，有点艺术家的作派，但未免胶柱鼓瑟，给女儿取名字选字过于生僻拗口了！（刘心武《曹叔》）
- 学习要善于活学活用，切忌胶柱鼓瑟。

成语个性

瑟是中国一种传统的弹弦乐器。瑟和古琴外观类似，不过古琴通常只有七根弦，瑟的弦则多很多。唐代诗人李商隐写有诗句：锦瑟无端五十弦，一弦一柱思华年。最早的瑟有五十根弦，经过历代的发展，现在的瑟通常为二十五根弦。

20 变化和恒定

刻板·胶柱鼓瑟

墨守成规
mò shǒu chéng guī

明·黄宗羲《钱退山诗文序》:"如钟嵘之《诗品》,辨体明宗,固未尝墨守一家以为准的也。"

释 墨:指墨子,即战国时的思想家墨翟。墨守:指墨子非常善于守城。成规:已经形成的规矩。形容思想保守,固执地坚持原有规则,不知道变通。

近义 因循守旧 抱残守缺 故步自封　**反义** 标新立异 匠心独运 另辟蹊径

战国时期,木匠的祖师爷鲁班,曾经与大思想家墨子进行过一场有趣的对决。

当时,鲁班帮楚王造出了一架高耸入云的长梯,称为云梯。这云梯简直就是攻城神器呀,有了它,士兵们在攻打城池时,就能爬上高高的城墙,打败城墙上的守军,攻破城池啦。

楚王看到鲁班设计制作出的云梯后,高兴极了,当下就决定,要大量制作云梯,然后去攻打宋国。

向来反对战争的墨子听到消息后,赶了十天十夜的路来到楚国。他拉着鲁班来见楚王,苦口婆心地给楚王讲道理,想让楚王知道,强大的楚国攻打弱小的宋国,很不仗义。

楚王虽然表面赞同,但又有点儿不甘心。他和鲁班对视了一下,然后对墨子说:"云梯好不容易造出来了,放着不用实在可惜,总得让将士们用来练练手吧。"

墨子心里明白,楚王和鲁班都不想放弃攻宋,于是说:"这好办,我们现在就模拟作战,看看云梯有多大威力。"说完,墨子把衣服上的带子解下来,围成一个圈,说:"这就是城墙。"然后又找来一些木片,说:"这是我守城用的工具。"接着,墨子防守,鲁班进攻,一场模拟攻打宋国的战争就开始了。

在这个过程中,虽然鲁班一次又一次地更换攻城的武器,可墨子都能有效防守。直到鲁班手里的武器都用完了,墨子依旧把他的"城墙"守得好好的。

鲁班很不服气地说:"我还有办法对付你,可我不告诉你是什么办法!"

变化和恒定 / 守旧·墨守成规

墨子胸有成竹地笑着说:"你的办法我知道,可我也不告诉你!"

在旁边观战的楚王被这两人给说懵了,问:"你们俩这是在说什么啊?"

墨子给楚王解释说:"鲁班的办法不就是想杀了我吗?他觉得杀了我,宋国就没人能守得住城啦。可鲁班你想得也太简单啦!就算我被杀死了,但我的三百多弟子早就带着我的防守武器,在宋国等着楚军进攻呢。鲁班,你能把我杀了,但你能把所有防守的人都杀了吗?"鲁班听了,只好认输,楚王也彻底打消了攻打宋国的念头。

在这个故事中,因为墨子善于防守,所以有了"墨守"的说法。后来又逐渐发展出"墨守成规"这个成语,但其中的"守"已经不再指守城,而是指守旧。

例句

- 湘相墨守成规,常言盐务不可轻议。(清·李鸿章《复金眉生都转》)
- 在科学技术快速发展的今天,墨守成规会让我们面对更多的失败。

成语个性

也写作"墨守成法"。注意不要把"墨"写成"默"。本故事出自战国墨翟的《墨子·公输》。

东山再起
dōng shān zài qǐ

唐·房玄龄《晋书·谢安传》:"(谢安)将发新亭,朝士咸送,中丞高崧戏之曰:'卿累违朝旨,高卧东山,诸人每相与言,安石不肯出,将如苍生何?苍生今亦将如卿何?'安甚有愧色。"

释 原指隐退后又出来做官。现多指从某个领域退出后,再次复出。还可以指经过努力重新获得优势。

近义 重整旗鼓 死灰复燃 卷土重来　　**反义** 销声匿迹 一败涂地 一蹶不振

东晋时期,有位出名的政治家叫谢安。谢氏家族地位显赫,朝中高官、贵族们对谢安的才能都非常欣赏。

不过,谢安年轻的时候根本不想当官。朝廷多次点名要给他官做,谢安却说:"实在是抱歉啊,我生病了,这官还是找其他人当吧。"

那不当官的谢安干什么去了呢?

谢安去了江南地区的会稽(kuài jī)郡,在那里的东山过起了隐居生活。他有时会和王羲之等著名文人聚会,还经常一起到江南各地游览。他有时到山里去打猎,或者到河里捕鱼,兴致来了就开始写文章。另外,他还会留出一些时间来教育自家孩子。

可越是这样,人们对谢安的期望就越高。扬州的地方官亲自登门去请谢安出山做官,谢安勉为其难地上了一个来月的班,就又跑回去隐居了。朝廷也是如此,几次三番让谢安到朝廷任职,都被谢安推辞了。

直到谢安的弟弟谢万因为在战场上指挥作战不力,被贬了官职,当时已经四十多岁的谢安深深地意识到,谢万的失职,对他们谢家而言是个非常大的打击。为了保全谢家的声望，谢安这才决定告别隐居生活，到官场上去好好做一番事业。

大将军桓温听说谢安终于肯从东山出来当官了，高兴得都坐不住了，赶紧派人向谢安发出邀请，让他到自己这里来工作。

谢安即将出发前去赴任时，好多朋友来给他送行。有位官员打趣地说："您以前多次违背朝廷旨意，在东山过着悠闲的隐居生活。当时大家常私下里说，谢安这么有才能的人，总是不愿从东山出来工作，怎么对得起天下的老百姓！现在啊，百姓们不知道要怎么隆重地欢迎您呢！"这只是一句玩笑话，谢安听后却很惭愧，他暗下决心，一定要干出点儿名堂来。

东山再起的谢安，不仅在桓温那里干得出色，离开桓温后，更是因为认真工作，官职节节高升。他曾一度辅佐皇帝处理朝政，并在东晋和前秦的淝水之战中，指挥八万晋军打败了前秦八十万大军，立下了赫赫战功。

20 变化和恒定 / 复出·东山再起

例句

- 或者圣恩高厚，想起来，还有东山再起之日，也未可知。（清·文康《儿女英雄传》）
- 失败并不可怕，可怕的是你失去了东山再起的勇气。

死灰复燃
sǐ huī fù rán

汉·司马迁《史记·韩长孺列传》:"安国曰:'死灰独不复然乎?'"

释 死灰:火焰熄灭后留下的灰烬。已经熄灭的灰烬重新燃烧起来。比喻失势的人重新得势。也比喻已经消亡的事物重新活跃起来。

近义 卷土重来 东山再起 重整旗鼓

反义 灰飞烟灭 销声匿迹 一蹶不振

梁孝王是西汉时期一位很有威望的诸侯王,他手下有很多才能出众的人。其中有个名叫韩安国的人,因为帮助朝廷镇压反叛势力,深得梁孝王的赏识。可是天有不测风云,韩安国有一次因为犯法,被抓起来关进了监狱。

监狱里有个狱吏叫田甲,他以为韩安国的职业生涯算是彻底没希望了,于是一有机会就欺负韩安国。有一次,韩安国被欺负得忍无可忍,向他怒吼道:"你是不是觉得,我现在就像是熄灭了火焰的烟灰?但是你想没想过,就算是已经熄灭的灰烬,也有再次燃烧的可能!"

田甲不以为然地翻了个白眼,冷笑着说:"是吗?如果你这死灰能再次燃烧,我田甲就能在上面撒泡尿,分分钟把你那希望的小火苗给浇灭了。哈哈哈……"

过了一段时间,韩安国被捕入狱的消息传到了太后的耳朵里。太后对韩安国的

印象非常不错，因为当初汉景帝与梁孝王这两兄弟产生矛盾又和好，韩安国在其中可是做了很多调解工作。于是太后大手一挥，让人把韩安国给放了，重新回到梁孝王那里去工作。

韩安国竟然就这么死灰复燃了！这可是田甲万万没想到的事情。他吓得赶紧收拾行李，一溜烟地逃跑了。韩安国放出消息说："田甲你要是现在不乖乖回来，我把你全家都给杀了！"田甲一听，吓得赶紧来向韩安国请罪。

韩安国见到田甲，平静地问："现在我这死灰已经重新燃起了火焰，田大人您请撒尿吧。"

田甲瑟瑟发抖，腿一软，扑通一声跪在了地上，连连给韩安国磕头说："韩大人啊，我错啦，求您饶我一条小命吧。"

韩安国原本也只是想吓唬吓唬田甲，出口气，见他已经认错，就说："我也懒得和你计较，你该干吗就干吗去吧。"韩安国的大度让田甲十分敬佩，后来他成了韩安国的得力下属。

成语个性

这个成语由"死灰独不复然乎"演变而来，其中的"然"通"燃"。这个成语原本指官员失势后又重新得势，为中性词，但现在含有了贬义色彩，指那些已经被打倒的邪恶势力或旧思想卷土重来。

例句

🔸 儒家的理论，非等到董仲舒不能死灰复燃的。（闻一多《什么是儒家》）

🔸 这些孩子的生活环境又脏又乱，当心传染病死灰复燃。

20 变化和恒定／复出・死灰复燃

改过自新
gǎi guò zì xīn

汉·司马迁《史记·孝文本纪》:"妾伤夫死者不可复生,刑者不可复属,虽复欲改过自新,其道无由也。"

释 过:错误。改正错误,重新做人。

近义 痛改前非 改邪归正 洗心革面

反义 执迷不悟 顽固不化 积习难改

淳于意是我国西汉时期的一位名医,据说他的医术高明到能让人起死回生。这么神奇的医术,是淳于意多年学习所得。他早年跟着名医公孙光研究医术,后来又跟着已经七十多岁的公乘阳庆学习。公乘阳庆不仅把黄帝、扁鹊的医学理论都教给了淳于意,还把自己总结的一些独门药方也传授给了他。

有句老话叫"人怕出名猪怕壮",淳于意神医的名号越来越响亮,许多贪婪的王公贵族就想让淳于意来当自己的专属私人医生。淳于意不答应,于是就到全国各地去行医,有时甚至把自己的户口都迁走了,连房子都不敢买。他想用这种方法躲开那些霸道的权贵们，可是没想到，淳于意这样做反而激怒了他们。

有人就在皇帝那里告了淳于意一状，这下皇帝不仅让人把淳于意抓了起来，还给他判了肉刑，并命人把淳于意押到都城长安行刑。

淳于意没有儿子，只有五个女儿，囚车出发时，五个女儿跟在囚车后面哭哭啼啼。淳于意叹息说："没有儿子，生这么多女儿有什么用？遇到大事，一点儿忙都帮不上。"最小的女儿淳于缇萦（tí yíng）听了父亲的话，非常伤心，于是跟着父亲的囚车一直来到了长安。

到长安后，缇萦写下一篇文章交给了皇帝，文章里说："我父亲很正直，现在却被判了肉刑，我实在是很难过啊！死了的人不能重新活过来，身体被刑罚损害变成残疾后就没法复原，这样就算想改掉以往的错误，重新来过，也没有机会了。我这当女儿的，希望皇帝您能开恩，把我留下当奴仆，让我来代替父亲接受惩罚吧！"

当时的皇帝正是仁慈的汉文帝。他看到缇萦写的这些话，很受感动。经过仔细调查后，汉文帝终于将淳于意毫发无损地释放了。更值得一提的是，贤明的君主汉文帝还认真考虑了缇萦关于犯人改过自新的说法，将肉刑也逐步废除了。

🍂 例句

🍃 子能改过自新，弃越归吴，寡人必当重用。（明·冯梦龙《东周列国志》）

🍃 这个人改过自新后，获得了大家的原谅。

成语个性

肉刑是指古代对犯人身体进行残忍伤害的刑罚，比如在犯人脸上刺字，割掉犯人的鼻子，砍掉犯人的脚等，都属于肉刑。被实施肉刑的犯人，身体和精神上都饱受折磨。到汉文帝时，废除了这种残酷的刑罚，起因正是缇萦为救父亲给汉文帝的上书。

刮目相看

晋·陈寿《三国志·吴书·吕蒙传》
南朝宋·裴松之注引《江表传》:"蒙曰:'士别三日,即更刮目相待。'"

释 刮目:擦拭眼睛。指改变旧印象,用新眼光看人。

近义 另眼相待 肃然起敬
反义 等闲视之 不屑一顾

三国时期,吴国的君主孙权手下有位大将叫吕蒙。吕蒙英勇善战,在赤壁之战中,他带兵将曹操的军队打得丢盔弃甲,狼狈不堪,吕蒙也因此立下大功。

不过在博学多才的孙权看来,吕蒙这人什么都好,就是脑子里装的文化知识不够多,于是他对吕蒙说:"吕将军,你现在担任着重要的官职,平时要多看些书,才能把事情做好啊。"

吕蒙本来就不喜欢读书,一听孙权这么说,赶紧找了个借口说:"我现在真挺忙的,每天军队里的事情就有一大堆,实在抽不出时间来看书啦。"

孙权也不生气,只是摇了摇头,说:"我又不是让你去做学术研究工作。我的意思是,你平时多读些历史书,丰富一下自己的知识储备。话说回来,你再忙,能有我忙吗?我以前就把《诗经》《左传》等经典名著都给读完了,后来我管理咱们吴国,还抽空读了《史记》等历史书籍，以及许多与兵法有关的书。我觉得这些都是非常有用的。"

接着，孙权又给吕蒙推荐了《孙子》等书，他说："孙子有句话说得好啊，'就算是每天不吃饭不睡觉地思考，也没有读书对自己更有用。'你看，东汉的开国皇帝刘秀就算是每天忙着带兵打仗，都要抽出时间阅读。再看看咱们的老对手曹操，他也很爱学习，崇尚'活到老，学到老'。你为什么就不能好好读些书呢？"

吕蒙听孙权说得有道理，就每天挤出时间来抱着书本认真阅读。他读的书越来越多，后来看的一些书甚至是很多学者都没有读过的。

有一次，吴国另一位重臣鲁肃路过吕蒙的军营，他俩坐在一起喝酒聊天。鲁肃才学渊博，他以为吕蒙还是原来那个没文化的武将。可是聊了一会儿天，鲁肃就被吕蒙惊到了，他瞪着眼睛，张大了嘴巴，对吕蒙说："天哪，吕老弟，这还是我认识的你吗？"

谁知吕蒙却文质彬彬地回答道："有志气的人，哪怕是三天没见，都会大有长进，再见到的时候，就要擦擦眼睛，用新眼光来看待了。"

鲁肃没想到吕蒙竟说出了"士别三日，当刮目相看"这样的话，不由得对吕蒙竖起了大拇指。

20 变化和恒定 / 自新·刮目相看

🌰 例句

🍂 金俊文家的这个大小子，像个人物一样，神气活现地出现在大家的面前，不能不使村民们对这个过去不成器的家伙刮目相看。（路遥《平凡的世界》）

🍂 想不到你只用了一周时间，英语口语就取得了这么大的进步，真是让人刮目相看呀！

成 语 个 性

也写作"刮目相待"。实际使用时，也常写作"士别三日，当刮目相看""士别三日，当刮目相待"。

89

强弩之末

qiáng nǔ zhī mò

汉·司马迁《史记·韩长孺列传》：「且强弩之极，矢不能穿鲁缟（gǎo）；冲风之末，力不能漂鸿毛。」

释 弩：古代一种利用机械发射箭支的弓。末：尽头，指最后阶段。无论多么好用的弓弩，射出去的箭到了射程末端，就没有杀伤力了。比喻原本强大后来衰微的力量。

近义 日暮途穷 日薄西山 大势已去　　**反义** 方兴未艾 如日中天 势不可当

东汉末年，曹操的军队占领了位于现在湖北的荆州，准备继续追击刘备。刘备的军师诸葛亮一看情况不妙，就亲自去找东吴的孙权搬救兵。

诸葛亮见到孙权后，给他分析了当前危急的形势。诸葛亮说："曹操已经把北方占领了，现在就要来攻打南方了。曹操的部队兵强马壮，我们主公刘备不得不选择离开。孙将军您究竟是要去抵抗曹操，还是要屈服于他呢？我知道，您虽然表面上臣服于曹操，但内心并不想这样。现在您一定得做个决定了，再犹豫下去，恐怕会让东吴陷入危险之中。"

孙权捋了捋胡子，试探着问诸葛亮："那你家主公刘备为什么不向曹操投降呢？"

诸葛亮对孙权说："我们主公刘备身上流淌着汉朝皇族血液，是位真英雄。大家都因为敬佩他，纷纷前来归附。秦朝末年的田横，武功卓越，但依旧没有向项羽投降。我们主公也是如此，即便老天爷不让他做成大事，他也绝对不可能向曹操投降啊。"

孙权听诸葛亮这么说，放心了许多，于是说："我也不会向曹操投降的！我打算和刘备联合，只是还有些顾虑，刘备不久前在长坂坡作战失败，现在凭什么与我联合呢？"

诸葛亮为了让孙权彻底放心，就摇了摇手中的羽毛扇子，耐心地说："我们主公虽然在长坂坡失利，但现在手里仍然掌握着上万的精兵强将。况且您别忘了，曹操大军南下，他们可是远距离行军，等他的士兵来到我们面前准备打仗时，都已经累得不行了。听说曹操派出轻骑兵追赶我们主公，一天一夜要赶三百多里路。俗话说，再强有力的弓弩射出来的箭支，到了射程的末端，连一层薄薄的鲁缟都穿不透。这可是用兵的大忌啊！"

诸葛亮给孙权讲完强弩之末的道理后，只见孙权双眼放光，信心倍增，于是诸葛亮又把曹军不熟悉水面作战的劣势，以及曹操军队内部人心涣散等问题指了出来。这终于让孙权下定决心，与刘备联合起来抵抗曹军。之后不久，便爆发了历史上著名的赤壁之战，孙刘联军在这一战中大败曹军。

🌰 例句

🍃 南宋的词已经是强弩之末。（闻一多《文学的历史动向》）

🍃 敌人意识到他们已经是强弩之末，于是主动提出向我军投降。

成语个性

本成语故事出自晋代陈寿的《三国志·蜀书·诸葛亮传》，这个成语的完整表达是"强弩之末，势不能穿鲁缟"。鲁缟是古代鲁国出产的一种白色的绢，以轻、薄而闻名。

20 变化和恒定 / 衰落·强弩之末

每况愈下
měi kuàng yù xià

战国·庄周《庄子·知北游》:"正获之问于监市履狶（lǚ xī）也，每下愈况。"

释 况：状况，情况。愈：越发。下：坏，糟糕。原指越是往下情况越发清楚。后来指越是往后情况越不乐观。

近义 江河日下 世风日下 一落千丈　**反义** 蒸蒸日上 欣欣向荣 日新月异

装着一肚子学问的庄子在给人讲道理的时候，总是喜欢用故事来说明问题。庄子讲的很多故事都特别有意思，令人印象深刻。

有一次，庄子在与人探讨一个关于道家思想的问题时，又要开始讲故事啦。这次,庄子讲的是一个关于猪肉的有趣故事。

庄子说:"在猪肉市场上,有专门的监督管理人员,这些人可厉害啦,一头猪是不是够肥,他不用动手就能判断出来。"

这是怎么做到的呢?听故事的人感到很好奇。

庄子说:"很容易啊,他们只要用脚去踩踩猪的肉就可以啦。猪身体的不同部位,脚踩下去的感觉是不一样的。不过你要是去踩猪肚子,那就大错特错了,毕竟所有猪的肚子上都有肥肉,而真正应当踩的部位,你知道是哪里吗?"

听故事的人一脸茫然地摇了摇头。

庄子说:"真正应当踩的部位其实是猪腿。因为猪腿越是往下就越不容易有肥肉,只有那些真正的胖猪,腿下边才会比较肥一些。越往下肥瘦越是分明,所以你就尽管往猪腿下边踩吧!用这个方法判断猪的肥瘦特别管用。"

庄子这"每下愈况"判断猪肥瘦的方法,与后来演变出的成语"每况愈下",在意义上有很大的不同。不过听了这个有趣的成语故事,记住这个成语应该就不在话下啦!

20 变化和恒定 · 衰落 · 每况愈下

例句

- 人人自以为君平,家家自以为季主,每况愈下。(宋·洪迈《容斋续笔·蓍(shī)龟卜筮(shì)》)
- 高强度的工作令他积劳成疾,身体健康状况每况愈下。

成语个性

庄子所说的"每下愈况",本意是指越往下情况越清楚,后人常误用为"每况愈下",用来形容情况越来越糟糕。现在,"每况愈下"更为常用,但也可写作"每下愈况",意义一样。

后来居上
hòu lái jū shàng

汉·司马迁《史记·汲郑列传》：「陛下用群臣如积薪耳，后来者居上。」

释 本意指资历浅的人反倒位居资历老的人之上。后用来泛指年轻人胜过老年人，后来者超过前面的。

近义 青出于蓝　　**反义** 一蟹不如一蟹

汲黯（jí àn）是汉武帝时的一位大臣。汉武帝还没当上皇帝时，汲黯是他的老师，对他要求非常严格。因为汲黯性格倔强，汉武帝并不是太喜欢他，即位后也没有提拔这位老师。

有一次，河北发生火灾，汉武帝派汲黯去视察灾情。汲黯去了一看，原来是因为一处民居失火，延烧了几百户人家。他处理完事情，在赶回长安的途中碰上黄河发大水，大片农田被淹没，饥民流离失所。汲黯认为这里的灾情比河北的火灾严重多了，于是拿着皇帝给的符节，让河南太守打开官府的粮仓，救济饥民。

汲黯回去后向皇帝汇报说："火灾的事情小，不足为虑；水灾事大，我没有请示就自作主张了，请陛下处治。"武帝虽然当面夸奖了他，之后却把他派到一个小地方去当县令。汲黯以此为耻，于是称病辞职回家了。

后来汲黯又被任命为东海太守。他身体多病，大多数时间都在家休息，但他善于用人，挑选了一些能干的下属去管理具体事务。一年多后，东海郡就被治理得井井有条。武帝便把他调回朝廷担任主爵都尉，负责各诸侯王封爵之事。

汉武帝曾经问一个大臣："你说说看，汲黯是个什么样的人？"

大臣说："汲黯这个人，如果让他去当官，不一定比别人强；但是如果让他辅助幼主，守城御敌，是再合适不过了。"

武帝听了也点头说道："古人所说的社稷之臣，应该就是汲黯这样的吧。"社稷指的是国家，社稷之臣也就是身负国家重任的大臣，这是一个非常高的评价了。

后来，武帝任命公孙弘为丞相，张汤为御史大夫。汲黯向来很瞧不上这两个人。早些年，汲黯在朝廷当大官时，他们俩还只是名不见经传的小吏，现在竟然都已位居自己之上，这让汲黯很不服气。有一次，他对武帝说："陛下任用官员就像堆柴火一样，后来的反倒堆在上面。"

武帝听了也不作声。等他走后，武帝对旁边的人说："人还是不能不学习啊。你们听听汲黯说的话，真是越来越粗野了。"还是没有提拔他。

汲黯死后，武帝想起这位老臣虽然说话耿直，经常触怒自己，却是一位有真才实学、能办实事的正直大臣，于是任命他儿子为诸侯国的国相，把他的弟弟、外甥也都提拔当了官。

例句

🍂 今老矣，久不预少年文酒之会，后来居上，又不知其为谁？（清·纪昀《阅微草堂笔记》）

🍂 接力赛上，前三棒二班一路领先，但是到了最后一棒时，三班突然发力，后来居上，赢得了这场比赛的冠军。

成语个性

这个成语原本是用来指责当权者用人不当，现在这个含义已经用得很少，多用来称赞后生晚辈超过前人，成了一个褒义词。

20 变化和恒定 / 发展·后来居上

取而代之
qǔ ér dài zhī

汉·司马迁《史记·项羽本纪》:"秦始皇帝游会稽(kuài jī),渡浙江,梁与籍俱观,籍曰:'彼可取而代也。'"

释 取:夺取,获取。代:代替。指夺取并取代他人或者别的事物的位置。

近义 改朝换代

西楚霸王项羽出生于将军世家,他二十出头就跟着叔叔项梁起兵反秦,后来推翻了秦朝。不过项羽小的时候,可没少让叔叔操心。

项羽十多岁时,项梁想好好培养他,就拿来很多书,教导项羽学习。可项羽只读了几天书,就不肯好好读了。项梁没办法,又拿来一把剑,打算教项羽练习剑法。然而项羽也只学了一段时间,就又不想学了。

项梁生气地说:"你这也不好好学,那也不好好学,究竟想学什么?"

项羽却挺着胸脯,理直气壮地说:"书本上的那些知识,只能让人记住几个人名而已。剑法学得再好,也只能打败面前的一个敌人。我可不想学这些,我要学习能够打败数万强敌的东西。"

项梁仔细一想,决定干脆教项羽学兵法。项羽刚开始学习时,对兵法还非常感兴趣,但时间一长,又不想学了。

项梁实在是拿这个侄子没办法了。不过,让项梁更操心的事情还在后面呢!

有一次,秦始皇坐着华丽的马车,带着众多随从,一行人浩浩荡荡地来江南玩耍。很多人都跑去观看秦始皇的巡游队伍,项梁和项羽也挤在人群中看热闹。没想到看着看着,项羽突然对项梁说:"哼,他有什么了不起,早晚有一天我会取代他!"

听项羽这么一说,可把项梁吓得差点儿晕过去。项梁赶紧把项羽的嘴巴捂住,拉着他离开人群,小声对他说:"我的好侄子,咱们快走吧。大庭广众之下,可不能乱说话呀,让皇帝或者他的亲信听到了,不仅你自己的脑袋保不住,咱们项家都会被灭门的。"

不过也恰恰是因为这件事,项梁觉得,这不学无术的侄子志向还挺大,说不定将来还真能做成一番大事呢!

20 变化和恒定 / 发展·取而代之

例句

🍫 高亦陀的心里没有一天忘记了怎样利用机会打倒大赤包,然后取而代之。(老舍《四世同堂》)

🍫 村子里低矮的土砖房已经不见了,取而代之的是一栋栋新建的小楼房。

成语个性

这个成语可以用于人,也可以用于事物,用于人时往往含有蓄谋已久的意味。

日月如梭
rì yuè rú suō

宋·赵德麟《侯鲭录》：「织乌，日也，往来如梭之织。」

释 梭：织布用的梭子。太阳和月亮像织布的梭子那样来来往往。形容时间过得飞快。

近义 光阴似箭 白驹过隙 乌飞兔走　　**反义** 度日如年 一日三秋 寸阴若岁

北宋文学家苏轼，也就是我们都很熟悉的苏东坡，不仅是大诗人、大词人，也是个很喜欢做研究的学者。他读过很多书，读书时碰到不懂的问题，总会想办法弄个明白。

苏轼的好朋友赵德麟在自己所写的《侯鲭（qīng）录》中，记录了这样一个关于苏轼的故事。

变化和恒定 / 时光飞逝·日月如梭

当时苏轼正在读一首唐代诗歌，诗中写道："流水涓涓芹努芽，织乌西飞客还家。荒村无人作寒食，殡宫空对棠梨花。"

苏轼觉得，这首诗写景生动，动静结合，对比鲜明，读来意境悲凉，是一首好诗。可他不明白，诗句中的"织乌"究竟是个什么东西。难道是一种很罕见的鸟吗？可如果说是鸟，那鸟儿又怎么会织布呢？

苏轼左思右想，怎么也想不明白。他又去书堆里查了半天，也毫无头绪。于是，苏轼向比他年龄小很多的同事王铚（zhì）请教。王铚很有才华，从小就博览群书，加上当官后每天的主要工作就是编写和修订各种书籍，看过的书就更多了，所以王铚一听苏轼的问题，立刻给出了准确的答案。

王铚说："苏大人，乌指的是我们头顶的太阳。织乌的意思呀，是说太阳每天东升西落，日复一日在天空中穿过的样子，就像是织布的梭子反反复复地在织布机上穿行。"

"哎呀，原来是这么回事啊！"苏轼恍然大悟。

我们可以想想，既然太阳像梭子一样在天空中反复穿行，那月亮又何尝不是呢？所以人们才会常说日月如梭啊！

例句

● 正是光阴如水，日月如梭，转眼间早过了新年初五。（清·李宝嘉《文明小史》）

● 转眼之间又是一年，爷爷奶奶在飞逝的时光中渐渐老去了，真是日月如梭啊。

成语个性

这个成语用日月穿梭的直观画面，将时间的飞快流逝形象地描绘了出来，提醒人们要珍惜时间，常与"光阴似箭"连用。

风驰电掣

fēng chí diàn chè

唐·王邕《怀素上人草书歌》："忽作风驰如电掣，更点飞花兼散雪。"

释：驰：飞奔，快跑。掣：快速闪过。像风一样飞奔，像闪电一样在空中闪过。比喻速度极快。

近义：电光石火　一日千里　离弦之箭

反义：老牛破车　蜗行牛步　慢条斯理

唐代有一位名叫怀素的书法家，他写的字狂放流畅，气势宏大，成为唐代"狂草"的代表，怀素也因此被后人尊称为"草圣"。

怀素这个人很有个性，他十岁时突然想要出家当和尚，于是不顾父母反对，跑到庙里当和尚去了。当了和尚的怀素，每天都非常勤奋地练习书法。那时他很穷，没钱买写字用的纸，就拿着毛笔在墙上写。时间长了，墙上没地方写字了，怀素就在自己的随身衣物上写字。可是衣服和生活用品上也有写满字的时候，那该怎么办呢？

怀素想啊想啊，终于想出了一个很棒的主意。他在寺庙旁的荒地里种了一万多棵芭蕉树，然后把叶子摘下来，在芭蕉叶上写字。可是怀素每天都要写很多字，后来芭蕉叶也用光了，他又发明出一种练字板。练字板上涂上漆，写完字后一擦，字迹就被擦掉了，可以在上面反复书写。

时间一长，写秃了的毛笔积了一大堆，怀素便在山下挖了一个大坑，把这些笔埋了起来，还给它取了个名字叫"笔冢（zhǒng）"，意思就是笔的坟墓。

正是因为这样的勤奋练习，怀素终于成长为一代书法大家。

唐代诗人王雝（yōng）写了一首名为《怀素上人草书歌》的诗，赞颂怀素的书法作品说："像风一样奔跑，像闪电那样快速划过夜空，更像纷飞的花朵和空中飘散的雪花。"可见人们对怀素的书法作品评价有多高。

20 变化和恒定

迅速·风驰电掣

例句

- 黄飞虎枪法如风驰电掣，往来如飞。（明·许仲琳《封神演义》）
- 杨宇开着赛车，朝着终点的方向风驰电掣，呼啸而过。

成语个性

这个成语最早运用于军事，出自《六韬·龙韬·王翼》："奋威四人，主择材力，论兵革，风驰电掣，不知所由。"指带兵打仗进攻速度快，令敌人措手不及，后用来形容车马等行进速度极快。注意，"驰"不要写成"弛"。

19 形势和场面

附录分类成语

环境 天时地利	得天独厚 近水楼台 （4）	下车伊始 初来乍到 新来乍到	人地生疏 大雅之堂 无人之境	芝兰之室	
场面	瓜田李下 光天化日	青天白日 朗朗乾坤	众目睽睽 热火朝天		
常见	司空见惯 （6）	家常便饭 见怪不怪	屡见不鲜 数见不鲜	无所不在 史不绝书	
罕见	亘古未闻 亘古未有	旷古未闻 旷古未有	前所未闻 前所未有	史无前例 空前绝后	铁树开花 枯木生花
定局	覆水难收 （8） 板上钉钉	铁板钉钉 尘埃落定 回天乏术	回天无力 无力回天 木已成舟	生米 煮成熟饭 气数已尽	大势已去
动荡	四海鼎沸 天翻地覆	狂风暴雨 狂涛巨浪	风雨飘摇 风雨如晦	多事之秋 天下大乱	天下汹汹 永无宁日
黑暗 腥风血雨	血雨腥风 浮云蔽日 昏天黑地	乌天黑地 天昏地暗 有天无日	暗无天日 窃钩者诛， 窃国者侯	人间地狱 万马齐喑 官逼民反	
太平 拨云见日 开云见日 重见天日 日月重光	拨乱反正 文修武备 偃武修文 归马放牛 马放南山 尧年舜日	尧天舜日 舜日尧天 天下为公 垂拱而治 休养生息 长治久安	政通人和 一轨同风 海不扬波 河清海晏 海晏河清 国泰民安	清平世界 天下太平 太平盛世 四海升平 四海承平 普天同庆	歌舞升平 安居乐业 家给人足 民安物阜 物阜民安 年丰物阜

104

19 形势和场面

附录 分类成语

物阜年丰　人寿年丰　五谷丰登　熙熙融融　鸡犬相闻
时和年丰　风调雨顺　击壤而歌　鸡鸣狗吠　犬不夜吠

兴盛
　　　　　如日方升　云兴霞蔚　如日中天　万古长春　星火燎原
　　　　　欣欣向荣　蒸蒸日上　根深叶茂　繁荣昌盛　燎原之势
雨后春笋　生机勃勃　生生不息　万紫千红　繁荣富强　异军突起
破土而出　生气勃勃　方兴未艾　蔚为大观　国富兵强
旭日东升　云蒸霞蔚　盛极一时　万古长青　国富民强

程度
　　　　　推波助澜　日甚一日　不亦乐乎　一佛出世，　不折不扣
　　　　　愈演愈烈　日增月益　神乎其神　二佛涅槃　彻头彻尾
火上浇油　变本加厉　与日俱增　忍无可忍　　　　　
雪上加霜　无以复加　不堪设想　死去活来　有过之
　　　　　　　　　　　　　　　　　　　　　　无不及

风气
　　　　　流风余韵　夜不闭户　弊绝风清　不正之风　世态炎凉
　　　　　时移俗易　道不拾遗　风清弊绝　歪风邪气
相习成风　上行下效　路不拾遗　蔚然成风　陈规陋习
相沿成习　从风而靡　拾金不昧　遍地开花　人心不古
约定俗成　发扬光大　市无二价　风靡一时　世风日下

复杂
　　　　　犬牙交错　盘根错节　天高地厚　千头万绪
　　　　　犬牙相错　（10）　　歧路亡羊　人心如面
错综复杂　纵横交错　扑朔迷离　千丝万缕

真相
　　　　　图穷　　庐山　　众目共视　一清二楚　暴露无遗
　　　　　匕首见　真面目　众目昭彰　一望而知　不打自招
　　　　　水落石出　有目共睹　班班可考　
　　　　　真相大白　昭然若揭　一目了然　东窗事发
图穷匕见　本来面目　昭昭在目　一清二白　（14）
（12）　　　　　　　　　　　　　　　　　原形毕露

105

19 形势和场面

附录 分类成语

孤立
独木难支　孤立无援　赤手空拳　闭关自守
孤掌难鸣　散兵游勇　势单力薄
一木难支　孤军奋战　单枪匹马　闭关锁国

紧迫
箭在弦上，（16）　箭在弦上
不得不发　　　　　如箭在弦

困境
羝羊触藩　任人宰割　凄风冷雨　生不如死　饥不择食
跋前疐后　瓮中之鳖　上下交困　苟延残喘　望门投止
骑虎难下 进退两难　池鱼笼鸟　内外交困 **涸辙之鲋** 虎落平阳
（18） 进退维谷　笼鸟池鱼　内忧外患 **（24）** 英雄末路
势成骑虎　不上不下　插翅难飞　泰山压顶　枯鱼之肆 **日暮途穷**
握蛇骑虎　捉襟见肘　插翅难逃　天罗地网　弹铗无鱼 **（28）**
四面楚歌 左支右绌　寸步难行　积弊如山　弹尽粮绝　山穷水尽
（20） 顾此失彼　寸步难移　尾大不掉　坐以待毙　穷途末路
四面受敌　左右为难 **水深火热** 不可收拾　困兽犹斗　走投无路
八面受敌　人为刀俎，**（22）** 欲罢不能 **孤注一掷**
腹背受敌　我为鱼肉　凄风苦雨　不能自拔 **（26）**

艰难
高不可攀　艰难险阻　荆棘载途　凶年饥岁
艰苦卓绝　千难万险　荆天棘地
大风大浪　艰难困苦　荆棘塞途　物力维艰

热闹
群贤毕至　盛况空前　欢声雷动　扶老携幼　观者如堵
群英荟萃　张灯结彩　欢声笑语　倾巢而出 **车水马龙**
门庭若市 座无虚席　敲锣打鼓　语笑喧哗　倾巢出动 **（34）**
（30） 济济一堂　锣鼓喧天　蜂拥而至　万人空巷　人喊马嘶
宾客盈门　哄堂大笑　鼓乐喧天　接踵而至　屯街塞巷　前呼后拥
户限为穿 **大庭广众** 人声鼎沸　接踵而来　人满为患　熙来攘往
高朋满座 **（32）** 沸反盈天　联翩而至　水泄不通　熙熙攘攘
宾朋满堂　稠人广众　烈火烹油　络绎不绝　人山人海　比肩接踵

19 形势和场面

附录 分类成语

| **比肩继踵**（36） | 挨肩擦背 | 项背相望 | 人来客往 | 往来如织 | 川流不息 |
| | 摩肩接踵 | 南来北往 | 人来人往 | 游人如织 | |

| **冷清** | 门可罗雀（38) | 无人问津 无声无息 | 无声无臭 死气沉沉 | | |

众多	万万千千	数不胜数	多多益善	接二连三	浩如烟海
	千千万万	无穷无尽	**车载斗量**（40）	纷至沓来	琳琅满目
比比皆是	不计其数	层出不穷		趋之若鹜	鳞次栉比
触目皆是	不可胜数	此起彼伏	比肩而立	挥汗成雨	人烟稠密
俯拾即是	不知凡几	堆积如山	不乏其人	投鞭断流	千家万户
俯拾皆是	不胜枚举	堆山塞海	大有人在	更仆难数	
俯拾地芥	举不胜举	满坑满谷	不一而足	过江之鲫	
成千上万	指不胜屈	漫山遍野	冠盖相望	多如牛毛	
盈千累万	恒河沙数	舳舻千里	冠盖如云	汗牛充栋	

稀少	硕果仅存	绝无仅有	寥寥可数	所剩无几	
	吉光片羽	空谷足音	寥寥无几		
凤毛麟角	举世无双	寥若晨星	屈指可数		

| **微小** | 沧海一粟 | 九牛一毛 | 秋毫之末 | 一草一木 | 微不足道 |
| | 太仓一粟 | 薄物细故 | 一丝一毫 | 微乎其微 | |

声势	泱泱大风	疾风骤雨	汹涌澎湃	地动山摇	大张旗鼓
	风起云涌	龙吟虎啸	沧海横流	山摇地动	气势汹汹
如火如荼（42）	飙发电举	山呼海啸	浩浩荡荡	石破天惊	千军万马
	雷霆万钧	排山倒海	惊涛骇浪	遮天蔽日	万马奔腾
轰轰烈烈	电闪雷鸣	翻江倒海	移山倒海	遮天盖地	人多势众
气势磅礴	暴风骤雨	海啸山崩	掀天揭地	铺天盖地	声势浩大
大气磅礴	急风暴雨	汪洋大海	震天动地	劈头盖脸	势不可当
气吞山河	疾风暴雨	波澜壮阔	惊天动地	大动干戈	势不可挡

107

19 形势和场面

附录 分类成语

声势
大势所趋　兴师动众
席卷天下　虚张声势

机遇
百年不遇　躬逢其盛　风云际会　天假良缘
千载难逢　盛筵难再　应运而生　一线生机

积累
群轻折轴　日积月累　铢积寸累　积微成著　集腋成裘
群蚁溃堤　日就月将　积铢累寸　积水成渊　聚沙成塔
蚁穴溃堤　日计不足，寸积铢累　积土成山　土壤细流
千里之堤，岁计有余　东拼西凑
溃于蚁穴　跬步千里　积少成多　众毛攒裘

积羽沉舟（44）
小隙沉舟

众怒
天怒人怨　**众怒难犯（46）**
民怨沸腾

危急
倒悬之急　喘息未定　大敌当前　生死存亡　危若朝露
倒悬之危　黑云压城　大厦将倾　生死关头　**朝不谋夕（50）**
迫在眉睫　间不容发　密云不雨　风口浪尖　生死攸关
火烧眉毛　刻不容缓　山雨欲来　首当其冲　性命交关　朝不虑夕
燃眉之急　千钧一发　风满楼　风云突变　性命攸关　朝不保夕
等米下锅　一发千钧　剑拔弩张　国步艰难　人命关天
急如星火　不绝如缕　一触即发　国将不国　**危在旦夕（48）**
十万火急　险象环生　兵临城下　存亡绝续

危险
摇摇欲坠　釜底游鱼　虎尾春冰　单刀赴会　**人人自危（56）**
岌岌可危　燕巢于幕　盲人瞎马　危机四伏
危如累卵（52）　**鱼游釜中（54）**　羊落虎口　刀山火海　吉凶未卜
奔车朽索　龙潭虎穴　凶多吉少

108

19 形势和场面
附录 分类成语

顺利
高屋建瓴(58)
居高临下
下坂走丸(60)
阪上走丸
摧枯拉朽(62)
迎刃而解
势如破竹
疾风扫落叶
长驱直入
畅通无阻
如入无人之境
顺理成章
水到渠成
瓜熟蒂落

完整
金瓯无缺
纤悉具备
纤悉无遗
成龙配套
有头有尾

分裂
土崩瓦解
冰消瓦解
瓦解冰消
分崩离析
四分五裂
支离破碎
半壁江山
半壁河山
残山剩水
瓜剖豆分
割据一方

分散
星罗棋布
星星点点
星落云散
七零八落
零七八碎
一鳞半爪

有序
井井有条
井然有序
鱼贯而出
鱼贯而行
鱼贯而入
整齐划一

混乱
礼坏乐崩
礼崩乐坏
一国三公
法出多门
政出多门
群龙无首
纷纷扰扰
鸡鸣狗吠
鸡犬不宁
乌烟瘴气
一塌糊涂
人仰马翻
人多手杂
七手八脚
乱七八糟
乌七八糟
污七八糟
杂乱无章
杂七杂八
横七竖八
参差不齐

109

20 变化和恒定

变化

千变万化（64）

白云苍狗
云谲波诡
波诡云谲
波谲云诡
变化多端
变幻莫测
变幻无穷
不可捉摸
变化无常
风云变幻
反复无常
风云突变
翻来覆去
瞬息万变
白衣苍狗
急转直下

沧海桑田（66）

华屋山丘
深谷为陵
东海扬尘
天翻地覆
翻天覆地
天旋地转
改天换地
改朝换代

兴废存亡

朝三暮四（68）

朝秦暮楚
朝令夕改
见异思迁
舍旧谋新
喜新厌旧
回心转意
翻然改图

穷则思变
情随事迁
彼一时，
此一时
时过境迁
事过境迁
南橘北枳
白龙鱼服
改名换姓
改头换面

面目全非
摇身一变
判若两人
今非昔比
大起大落
恍如隔世
夜长梦多
风吹草动
潜移默化

逆转

反客为主（70）

反败为胜
转败为胜

乐极生悲（72）

泰极而否
物极必反
日中则昃，
月满则亏

物盈则亏
塞翁失马，
焉知非福
因祸得福
柳暗花明
峰回路转

豁然开朗
暗室逢灯
旱苗得雨
逢凶化吉
遇难成祥
转危为安

化险为夷
绝处逢生
枯木逢春
枯木生花
起死回生
否极泰来

时来运转
苦尽甘来
雨过天青
雨过天晴
大地回春

革新

革故鼎新（74）

除旧布新

破旧立新
弃旧图新
吐故纳新
推陈出新
新陈代谢

改弦更张
改弦易辙
兴利除害
兴利除弊
不破不立

不塞不流，
不止不行
灿然一新
焕然一新
耳目一新

面目一新
气象一新
万象更新
送旧迎新
移风易俗

创新

与众不同
别出心裁
自出机杼
标新立异

别出新意
别具匠心
独出心裁
自出心裁

别具一格
别开生面
独具匠心
不落窠臼
匠心独运

独辟蹊径
另辟蹊径
不落窠臼
不落俗套
另起炉灶

奇思妙想
花样翻新

刻板

画地为牢（76）

胶柱鼓瑟（78）

刻舟求剑
泥古不化

食古不化
划一不二

千篇一律
千人一面

20 变化和恒定

守旧
守常不变
一成不变
一潭死水

陈陈相因
换汤不换药
墨守成规（80）

萧规曹随
抱残守缺
因循守旧
循规蹈矩
规行矩步

蹈常袭故
袭故蹈常
裹足不前
故步自封
固步自封

积习难改
积重难返
依然故我
依然如故
安于现状

遗老遗少

复出
重整旗鼓

东山再起（82）
卷土重来

光复旧物
死灰复燃（84）

沉渣泛起
死而复生
借尸还魂

咸鱼翻身

原样
原封不动
原原本本

元元本本
原汁原味

稳定
日月经天，江河行地
一定不易

一定之规
一以贯之
万变不离其宗
万古不变

万劫不复
不可磨灭
永志不忘
根深蒂固
根深柢固

江山易改，本性难移
铜打铁铸
铜墙铁壁
铁壁铜墙

牢不可破
纹丝不动
雷打不动
岿然不动
岿然独存

坚如磐石
安如磐石
安如泰山
稳如泰山

坚定
精诚所至，金石为开

痴心不改
坚定不移
坚贞不渝
忠贞不渝

恪守不渝
矢志不移
矢志不渝
生死不渝

至死不渝
白首不渝
始终不渝
之死靡他

誓死不二
誓死不屈
九死不悔
死而无悔

历久弥坚
一如既往
始终如一
自始至终

自新
大梦初醒
如梦初醒
如梦方醒
如醉方醒

良心发现
翻然悔悟
幡然悔悟
改过自新（86）
悔过自新

痛改前非
朝过夕改
朝闻夕改
知过必改
涤瑕荡秽
涤瑕荡垢

脱胎换骨
刮目相看（88）
伐毛洗髓
刮肠洗胃
洗心革面

洗心涤虑
弃暗投明
改恶从善
改邪归正
今是昨非
浪子回头

回头是岸

附录 分类成语 20 变化和恒定

衰落
强弩之末（90）
每况愈下（92）
江河日下
一落千丈
好景不长
家道中落
难以为继
难乎为继
一蟹不如一蟹
日薄西山
日销月铄
西风残照
西风落叶
秋风落叶
明日黄花
古调不弹

发展
一日千里
突飞猛进
后来居上（94）
取而代之（96）
与时俱进
日新月异
欣欣向荣
蒸蒸日上
百废俱兴
鸟枪换炮
水涨船高
渐入佳境

持续
经久不息
连绵不断
连绵不绝
绵绵不绝
绵延不断
绵延不绝
存亡继绝
前赴后继
生生不息
源源不断
万古不废
万古长存
万古长青
万古长春
松柏之茂
万寿无疆
永世无穷
永无止境
循环往复
周而复始
无时无刻
长此以往
一来二去
久而久之

终止
戛然而止
偃旗息鼓
金盆洗手
呜呼哀哉
一了百了

消失
一去不复返
不翼而飞
无影无踪
九霄云外
不知所终
杳无踪迹
杳如黄鹤
石沉大海
泥牛入海
鱼沉雁杳
雁杳鱼沉
渺无音信
渺无音讯
杳无音信
名存实亡
荡然无存
化为泡影
化为乌有
灰飞烟灭
冰消瓦解
瓦解冰消
涣然冰释
云消雾散
云开雾散
烟消云散
烟云过眼
过眼烟云
过眼云烟

虚妄
南柯一梦（98）
黄粱一梦
庄周梦蝶
一场春梦
海市蜃楼
镜花水月
空中楼阁
虚无缥缈

短暂
转眼之间
转瞬之间
弹指之间
俯仰之间
指顾之间
喘息之间
立谈之间
旦夕之间
一朝一夕
一时半刻

附录 分类成语 20 变化和恒定

日不移晷	指日可待	跂足而待	昙花一现	旋生旋灭	人生如梦
计日而待	企踵可待	石火风烛	夏虫朝菌	曾几何时	
计日可待	企足而待	电光石火	朝生暮死	人生如寄	

长久

	天长地久	年深日久	由来已久	穷年累月	驴年马月
	地久天长	千秋万代	成年累月	长年累月	河清难俟
天荒地老	日久天长	千秋万岁	积年累月	旷日持久	遥遥无期
地老天荒	天长日久	古往今来	经年累月	猴年马月	

时光飞逝

	转瞬即逝	日月如梭（100）	日月如流	乌飞兔走	
	稍纵即逝		岁月如流	兔走乌飞	
	光阴似箭	白驹过隙	韶华如驶		

时光缓慢

	寸阴若岁	一日不见，	度日如年	
	一日三秋	如隔三秋		

时光流逝

	日复一日	斗转星移	春去秋来	岁月不居	逝者如斯
	日往月来	物换星移	寒来暑往	光阴荏苒	百代过客
	日月不居	春花秋月	霜凋夏绿	似水流年	

珍惜时间

	寸阴尺璧	争分夺秒	时不我待	只争朝夕	
	尺璧寸阴	分秒必争	岁不我与	只争旦夕	
	一刻千金	见缝插针	不舍昼夜	不违农时	

虚度光阴

	日月蹉跎	虚度年华	枉费日月	
	蹉跎岁月	马齿徒增		

时间

	日上三竿	深更半夜	钟鸣漏尽	姗姗来迟	三年五载
	半夜三更	更残漏断	寒冬腊月	朝朝暮暮	黄道吉日
金乌玉兔	三更半夜	更深夜阑	如期而至	一年半载	吉日良辰

附录 分类成语 20 变化和恒定

时间 良辰吉日　峥嵘岁月
　　　今夕何夕

迅速 风驰电掣　星驰电发　流星赶月　落花流水　日行千里
　　　（102）　流星掣电　追风蹑影　离弦之箭

索引 成语故事

A

安步当车	六/20
按图索骥	八/14

B

白面书生	一/22
白头如新	九/18
百步穿杨	三/20
半途而废	五/50
傍人门户	二/68
包藏祸心	二/78
杯弓蛇影	二/40
杯盘狼藉	六/62
背水一战	九/66
比肩继踵	十/36
闭门思过	八/24
敝帚自珍	六/54
宾至如归	九/4
兵不厌诈	七/56
病入膏肓	六/76
伯乐相马	三/58
卜昼卜夜	六/72
不寒而栗	一/58
不合时宜	二/36
不拘小节	六/60
不堪回首	一/54
不名一钱	六/32
不入虎穴，焉得虎子	八/18
不识时务	七/38
不食周粟	二/20
不贪为宝	二/12
不为五斗米折腰	二/22
不修边幅	一/30
不遗余力	五/18
不因人热	二/24

C

沧海桑田	十/66
草木皆兵	一/60
差强人意	四/100
豺狼当道	二/100
唱筹量沙	七/58
嘲风咏月	三/38
车水马龙	十/34
车载斗量	十/40
沉鱼落雁	一/12
成也萧何，败也萧何	五/78
城门失火，殃及池鱼	九/96
城下之盟	九/84
乘风破浪	五/62
乘人之危	二/74
程门立雪	五/38
痴人说梦	四/28
宠辱不惊	二/4
臭味相投	九/32
出尔反尔	四/48
出类拔萃	三/82
出人头地	五/66
出言不逊	四/30
初出茅庐	三/64
楚弓楚得	五/82
莼羹鲈脍	六/66
唇亡齿寒	九/16
从善如流	七/14
从长计议	七/84
摧枯拉朽	十/62

D

打草惊蛇	八/50
大谬不然	四/78
大声疾呼	四/36
大庭广众	十/32
大义灭亲	二/8
呆若木鸡	一/76
代人捉刀	八/42
道听途说	四/54
得过且过	五/10

115

索引 成语故事

得陇望蜀	六/46	风驰电掣	十/102	过河拆桥	七/86
得意忘形	一/100	蜂虿有毒	二/72	过目成诵	三/72
雕虫小技	三/12	凤毛麟角	三/70		
东窗事发	十/14	釜底抽薪	七/66	**H**	
东山再起	十/82	负荆请罪	八/22	邯郸学步	八/76
东施效颦	八/74	负隅顽抗	九/88	沆瀣一气	二/60
董狐直笔	二/10	赴汤蹈火	五/20	好好先生	二/30
对牛弹琴	四/22	覆巢之下无完卵	九/100	合浦还珠	五/88
对症下药	八/10			和璧隋珠	六/52
咄咄逼人	一/108	覆水难收	十/8	涸辙之鲋	十/24
咄咄怪事	四/96			鹤立鸡群	三/84
		G		恨之入骨	一/70
E		改过自新	十/86	后来居上	十/94
恶贯满盈	二/86	肝肠寸断	一/56	后起之秀	三/66
尔虞我诈	七/54	干云蔽日	一/42	囫囵吞枣	五/34
耳熟能详	四/92	高山流水	九/56	狐假虎威	二/70
		高屋建瓴	十/58	画地为牢	十/76
F		革故鼎新	十/74	画龙点睛	三/6
发蒙振落	八/28	各自为政	九/44	画蛇添足	八/60
发踪指示	三/74	功败垂成	五/76	怀璧其罪	九/98
反客为主	十/70	攻苦食淡	五/12	环肥燕瘦	一/26
反裘负刍	八/54	苟延残喘	六/80	回天之力	三/76
方寸大乱	一/88	狗尾续貂	三/40	讳疾忌医	八/100
放虎归山	八/70	孤注一掷	十/26		
飞蛾扑火	八/64	刮目相看	十/88	**J**	
分道扬镳	九/52	管中窥豹	七/26	机不可失	七/96
粉身碎骨	九/70	鬼斧神工	三/4	鸡鸣狗盗	二/54

积羽沉舟	十/44	举棋不定	七/98	乐极生悲	十/72
及锋而试	七/94	绝口不道	四/38	离群索居	九/22
疾首蹙额	一/68	绝妙好辞	三/44	厉兵秣马	九/62
家徒四壁	六/22			立地书橱	七/4
兼听则明，偏信则暗	七/16	**K**		立锥之地	一/40
		开门揖盗	八/68	梁上君子	二/56
箭在弦上，不得不发	十/16	刻舟求剑	八/90	两败俱伤	九/76
		空洞无物	四/20	两袖清风	二/14
江郎才尽	三/90	孔席不暖，墨突不黔	五/8	量体裁衣	八/12
胶柱鼓瑟	十/78			临渴掘井	八/82
狡兔三窟	七/74	口蜜腹剑	四/32	柳暗花明	一/44
嗟来之食	六/36	口若悬河	四/4	龙盘虎踞	一/38
捷足先登	七/90	口血未干	四/50	鹿死谁手	九/86
竭泽而渔	八/96	扣盘扪烛	七/28	路人皆知	二/80
解铃系铃	八/4	困兽犹斗	九/90	勠力同心	九/36
解衣推食	九/10			洛阳纸贵	三/48
借刀杀人	二/84	**L**			
金玉其外，败絮其中	四/70	蓝田生玉	三/88	**M**	
		滥竽充数	八/86	马革裹尸	九/72
锦囊妙计	七/78	狼子野心	二/82	马首是瞻	九/42
近水楼台	十/4	劳苦功高	五/90	买椟还珠	六/42
噤若寒蝉	四/40	老当益壮	六/86	满城风雨	四/64
惊弓之鸟	一/64	老马识途	七/24	芒刺在背	一/80
惊慌失措	一/90	老妪能解	三/50	毛遂自荐	三/60
精卫填海	五/40	乐不可支	一/48	每况愈下	十/92
精忠报国	二/6	乐不思蜀	一/52	门可罗雀	十/38
酒池肉林	六/6	乐此不疲	一/50	门庭若市	十/30

117

索引 成语故事

孟母三迁	三/98	**O**		巧舌如簧	四/10
米珠薪桂	六/50	呕心沥血	五/14	青钱万选	三/24
面如冠玉	一/16			青毡旧物	六/56
妙笔生花	三/34	**P**		轻裘肥马	六/12
名落孙山	九/78	盘根错节	十/10	倾国倾城	一/10
明察秋毫	七/18	旁若无人	一/102	请君入瓮	七/76
明修栈道，暗度陈仓	七/72	披星戴月	六/74	罄竹难书	二/90
		破釜沉舟	九/68	穷奢极欲	六/8
明珠暗投	三/62	破镜重圆	六/102	趋炎附势	二/64
磨杵成针	五/46			曲高和寡	四/86
磨穿铁砚	五/44	**Q**		曲突徙薪	七/6
墨守成规	十/80	七步成章	三/26	取而代之	十/96
目不见睫	七/32	期期艾艾	四/16	全无心肝	二/52
目不窥园	五/24	奇货可居	七/8	犬牙交错	一/34
目不识丁	七/46	骑虎难下	十/18		
目光如炬	一/14	杞人忧天	二/42	**R**	
		起死回生	三/22	让枣推梨	六/90
N		千变万化	十/64	人人自危	十/56
南柯一梦	十/98	千夫所指	四/68	人中骐骥	三/68
南辕北辙	八/46	千金买骨	三/54	日暮途穷	十/28
囊萤映雪	五/26	千里鹅毛	九/14	日食万钱	六/4
脑满肠肥	一/28	千里迢迢	一/36	日月如梭	十/100
鸟尽弓藏	七/88	千里犹面	九/24	如火如荼	十/42
宁为玉碎，不为瓦全	七/102	千虑一得	四/102	如狼牧羊	二/98
		黔驴技穷	三/92	如鸟兽散	九/80
牛衣对泣	六/28	强弩之末	十/90	如释重负	一/94
怒发冲冠	一/66	巧取豪夺	六/44	如坐针毡	一/82

孺子可教	三/100	十羊九牧	五/94	贪得无厌	六/48
入木三分	三/16	拾人牙慧	四/14	贪天之功	五/92
阮囊羞涩	六/30	食肉寝皮	一/72	贪小失大	五/86
		食言而肥	四/46	谈虎色变	一/62
S		食指大动	六/64	谈言微中	四/12
塞翁失马，焉知非福	七/12	始作俑者	二/48	坦腹东床	六/98
		市道之交	九/60	螳臂当车	九/94
三顾茅庐	三/52	视同儿戏	八/40	螳螂捕蝉，黄雀在后	七/36
三令五申	八/38	室如悬磬	六/24		
三人成虎	四/56	舐犊情深	六/92	桃李不言，下自成蹊	二/18
三十六计，走为上计	七/62	噬脐莫及	一/78		
		守株待兔	八/88	天花乱坠	四/8
三旨相公	五/98	熟能生巧	五/4	天下无双	三/78
三纸无驴	四/18	蜀犬吠日	七/42	天衣无缝	四/76
丧家之犬	二/50	霜露之疾	六/78	同病相怜	九/34
杀彘教子	三/96	水滴石穿	五/42	图穷匕见	十/12
扇枕温衾	六/96	水深火热	十/22	推己及人	九/8
上下其手	二/62	司空见惯	十/6	推心置腹	九/12
舍本逐末	八/56	死得其所	六/82	退避三舍	九/20
身无长物	六/18	死灰复燃	十/84	唾手可得	八/32
深思远虑	七/10	四面楚歌	十/20		
神色自若	一/92	隋珠弹雀	六/40	**W**	
甚嚣尘上	四/62	所向披靡	九/74	外强中干	二/26
生吞活剥	五/32			玩火自焚	八/66
声色俱厉	一/96	**T**		顽石点头	四/6
盛气凌人	一/106	太公钓鱼，愿者上钩	七/64	万事俱备，只欠东风	七/92
尸位素餐	五/96				

119

索引 成语故事

亡戟得矛	五/80	舞文弄墨	三/36	**Y**	
亡命之徒	二/46	物以类聚，人以群分	九/28	揠苗助长	八/78
望梅止渴	七/60			言过其实	四/24
危如累卵	十/52	误笔成蝇	三/14	掩耳盗铃	八/102
危在旦夕	十/48			偃旗息鼓	九/82
韦编三绝	五/22	**X**		扬扬自得	一/98
为所欲为	二/94	惜指失掌	五/84	羊续悬鱼	二/16
围魏救赵	七/68	下坂走丸	十/60	羊质虎皮	二/28
唯唯诺诺	二/32	先发制人	九/64	仰人鼻息	二/66
未能免俗	六/58	先入为主	四/84	叶公好龙	八/84
味如鸡肋	四/72	先斩后奏	七/100	夜郎自大	七/52
文不加点	三/28	闲云野鹤	六/68	一得之愚	七/20
文过饰非	四/34	相见恨晚	九/30	一饭千金	九/54
闻鸡起舞	五/56	相敬如宾	六/100	一傅众咻	三/94
闻所未闻	四/94	相濡以沫	九/40	一鼓作气	五/48
刎颈之交	九/58	项庄舞剑，意在沛公	七/70	一挥而就	三/30
蜗角虚名	五/70			一箭双雕	八/8
卧薪尝胆	五/58	象箸玉杯	六/14	一浆十饼	六/38
握发吐哺	三/56	宵衣旰食	五/6	一鸣惊人	五/64
无出其右	三/80	小时了了	四/88	一诺千金	四/42
无地自容	一/74	信口雌黄	四/26	一抔之土	六/84
无可厚非	四/98	幸灾乐祸	二/76	一窍不通	七/50
无可奈何	七/82	兄肥弟瘦	六/88	一丘之貉	二/58
无所适从	一/84	胸有成竹	八/36	一人得道，鸡犬升天	五/102
吴牛喘月	七/44	虚左以待	九/6		
五十步笑百步	四/90	悬梁刺股	五/30	一事不知	七/48
		雪窖冰天	一/46	一厢情愿	九/26

120

一笑千金	一/24	羽翼已成	三/86	炙手可热	五/100
一言既出，驷马难追	四/44	欲加之罪，何患无辞	九/102	掷地有声	三/42
				掷果潘安	一/20
一叶障目	七/30	鹬蚌相争，渔人得利	八/98	中流击楫	五/60
一衣带水	一/32			终南捷径	七/80
一意孤行	二/38	越凫楚乙	七/34	众怒难犯	十/46
一字千金	三/46	越俎代庖	八/58	众叛亲离	九/46
衣绣夜行	五/68	运斤成风	三/8	众望所归	五/74
遗臭万年	五/72			众志成城	九/38
以古非今	四/80	**Z**		舟中敌国	九/48
以邻为壑	九/50	凿壁偷光	五/28	州官放火	二/102
以卵击石	九/92	曾参杀人	四/58	朱衣点头	三/102
以貌取人	四/82	甑尘釜鱼	六/26	珠玉在侧	一/18
以身作则	五/54	债台高筑	六/34	竹头木屑	六/16
倚马可待	三/32	朝不谋夕	十/50	助纣为虐	二/96
倚门倚闾	六/94	朝三暮四	十/68	铸成大错	八/44
易如反掌	八/34	真知灼见	七/22	专横跋扈	二/92
因势利导	八/6	枕石漱流	六/70	专心致志	五/36
饮鸩止渴	八/80	争先恐后	五/16	擢发难数	二/88
迎刃而解	八/30	郑人买履	八/92	子虚乌有	四/52
鄂书燕说	四/60	知难而退	五/52	自相矛盾	四/74
庸人自扰	二/44	知易行难	八/26	作法自毙	八/62
游刃有余	三/10	跖犬吠尧	四/66	作舍道边	八/48
余音绕梁	三/18	纸上谈兵	八/72	坐不垂堂	八/16
余勇可贾	二/34	纸醉金迷	六/10	坐井观天	七/40
鱼游釜中	十/54	指鹿为马	八/52	坐山观虎斗	八/20
与虎谋皮	八/94	趾高气扬	一/104	做贼心虚	一/86

121

图书在版编目（CIP）数据

把成语用起来：一读就会用的分类成语故事．十，形势和场面　变化和恒定 / 歪歪兔童书馆编著．-- 北京：海豚出版社，2020.5（2023.11 重印）
ISBN 978-7-5110-5136-3

Ⅰ．①把⋯　Ⅱ．①歪⋯　Ⅲ．①汉语－成语－故事－青少年读物　Ⅳ．① H136.31-49

中国版本图书馆 CIP 数据核字（2020）第 000037 号

把成语用起来——一读就会用的分类成语故事
歪歪兔童书馆 / 编著

出 版 人：王　磊
策　　划：宗　匠
监　　制：刘　舒
策划编辑：宋　文
撰　　文：赵　艳
绘　　画：徐敏君
责任编辑：杨文建　闪　帅
装帧设计：王　蕾　侯立新
责任印制：于浩杰　蔡　丽
法律顾问：中咨律师事务所　殷斌律师

出　　版：海豚出版社
地　　址：北京市西城区百万庄大街 24 号　邮　编：100037
电　　话：（010）85164780（销售）　（010）68996147（总编室）
传　　真：（010）68996147
印　　刷：北京博海升彩色印刷有限公司
开　　本：16 开（860 毫米 ×1130 毫米）
印　　张：73.25
字　　数：800 千
印　　数：190001-200000
版　　次：2020 年 5 月第 1 版
印　　次：2023 年 11 月第 12 次印刷
标准书号：ISBN 978-7-5110-5136-3
定　　价：450.00 元（全十册）

版权所有　　侵权必究